BIM 技术在道桥工程中的应用

刘明辉　殷爱国　著

科学出版社
北　京

内 容 简 介

本书结合实例，系统地分析了道桥工程中 BIM 技术的应用。全书共 5 章，主要内容包括 BIM 技术在道桥工程中的应用现状、BIM 技术在道桥领域应用实施框架、BIM 与虚拟现实技术的结合、BIM 技术在道桥工程中的全生命周期应用、BIM 应用价值与综合效益。

本书可作为高等院校土木工程、道路桥梁及工程管理等专业师生以及土木工程领域技术人员的参考用书。

图书在版编目（CIP）数据

BIM 技术在道桥工程中的应用/刘明辉，殷爱国著. —北京：科学出版社，2021.3

ISBN 978-7-03-066042-8

Ⅰ. ①B… Ⅱ. ①刘… ②殷… Ⅲ. ①道路工程-计算机辅助设计-应用软件 ②桥梁设计-计算机辅助设计-应用软件 Ⅳ. ①U412.6 ②U442.5-39

中国版本图书馆 CIP 数据核字（2020）第 172185 号

责任编辑：陈 婕 赵晓廷 / 责任校对：王萌萌

责任印制：吴兆东 / 封面设计：蓝正设计

科学出版社 出版

北京东黄城根北街 16 号

邮政编码：100717

http://www.sciencep.com

北京厚诚则铭印刷科技有限公司 印刷

科学出版社发行 各地新华书店经销

*

2021 年 3 月第 一 版 开本：720 × 1000 B5

2022 年 9 月第三次印刷 印张：8 1/4

字数：160 000

定价：80.00 元

（如有印装质量问题，我社负责调换）

前　　言

近年来，我国各个行业逐步掀起了学习和应用BIM技术的热潮，有些行业根据自身特点制定了宏伟的推进路线图，也逐步制定了对应的应用指南；但开展这项工作仍面临很多困难，其中以数据标准化问题最为迫切，目前仅建筑行业取得了初步成果。道桥工程有别于工点式的建筑工程，具有点多线长、呈带状分布的特征，在应用BIM技术时具有与地形结合紧密、区域范围广、结构形式复杂、涉及专业多等特点，遇到的问题和困难远远超过工点式的单体建筑工程。相关行业主管部门在推动BIM技术应用方面起到了非常重要的作用，交通行业内的各大院校、设计院、施工单位都相继组建了自己的BIM研发团队，致力于BIM技术的应用研究和配套标准的制定工作。但要在我国现阶段全面推广应用，尤其是在铁路、公路工程领域，还面临无标准或标准不统一、软件不成熟、硬件配置不能满足要求、投资回报期长等一系列问题和困难。

本书根据实际项目的研究，首先介绍BIM技术在道桥工程中的应用现状，结合BIM技术基本理论和道桥行业特点，研究提出BIM技术在道桥工程中的实施路线和实施框架，并借助虚拟现实技术，进一步提高BIM技术应用的可视化水平；针对道桥工程项目不同阶段特点和各参与方的需求，结合工程案例提出项目全生命周期中的主要应用点。随着软硬件技术的发展和成熟，BIM技术将从“碎片化应用”逐步过渡到“综合应用”，在项目安全、质量、进度、成本等管理方面的效益会更加突出。

本书结合道桥工程特点，对协同设计、设计可视化、数字化施工、施工模拟、运营维护等方面的应用进行部分研究，并通过工程案例实现上述功能，充分展示BIM技术在道桥工程中应用的潜力和优势，为BIM技术在交通行业的应用提供借鉴。

本书的出版得到河南省高等学校重点科研项目(15A580003)的支持。本书第1、2、4、5章由华北水利水电大学刘明辉撰写，第3章由中铁七局集团有限公司殷爱国撰写。本书的撰写过程得到了相关专家及技术人员的大力支持和帮助，他们为本书的撰写提出了许多宝贵的意见和建议，在此对他们表示衷心的感谢。同时，在本书撰写过程中，参考了相关的国内外文献，特此向相关文献作者表示感谢。

由于作者水平有限，书中难免存在不足之处，敬请读者批评指正。

作　者

2020年6月

目　　录

第1章 绪　　论

1.1 概　　述

近年来，建筑信息模型(building information model, BIM)无论是作为一种新的理念还是一种新的生产工具都得到了业内的广泛关注。很多人认为它是近几年出现的新事物，但实际上，BIM 的思想由来已久。早在 1975 年，被誉为“BIM 之父”的 Eastman 教授就提出，未来将会出现可以对建筑物进行智能模拟的计算机系统，并将这种系统命名为“building description system”，即最初的 BIM 概念：包括“互动的典型元素……从同一个有关元素的描述中，获得剖面、平面、轴测图或透视图……任何布局的改变只需要操作一次就会使将来的绘图得到更新”，以及“所有的绘图元素会自动保持统一”，“估价和材料可以被生成”等[1]。20 世纪 80 年代后，BIM 的研究受到计算机辅助教学(computer aided instruction, CAI)的冲击，但学术界对 BIM 的研究并未中断。在芬兰，一些学者对基于计算机的智能模型系统进行了研究，并将这种系统称为“product information model”。1986 年，美国学者 Aish 提出了“building information”的概念，这一概念与现在业内广泛接受的 BIM 概念非常接近。在这一概念提出不久，“building information modeling”的概念就被提出。但当时受计算机软硬件水平的限制，BIM 还只能作为学术的研究对象，无法在实践中应用。直至 1995 年，国际协作联盟(International Alliance for Interoperability, IAI)决定推出行业基准分类(industry foundation classes, IFC)，这标志着世界级的 BIM 风潮兴起。21 世纪以后，得益于计算机软硬件水平的快速发展，BIM 的研究和应用取得了突破性进展。全球三大建筑软件开发商 Autodesk 公司、Bentley 公司和 Craphisoft 公司都推出了自己的 BIM 软件产品，并且在全球多个项目上进行了使用且取得了不错的效果。

目前，BIM 是一种实现建设项目物理功能特性的数字描述和管理的新型技术，它的目标是建立从项目论证开始，到建筑设计、施工、运营维护，直至最终拆除的全生命周期数据库，并实现项目数据的共享和运用。通过数据共享机制，项目的各个利益相关方在项目的不同阶段在 BIM 中插入、提取、更新和修改信息，获得数据支持并提供自己的数据，实现项目的协同作业。现阶段对于 BIM 最合适的定义是，BIM 不仅仅是三维(three dimensions, 3D)效果图管理和二维(two dimensions, 2D)出图的简单工具，同时它能使用计算机对建筑的性能以及规划、设计、建造运营的文档和信息进行整体构建与处理，是一个数字化的技术和工具促进的工作过程。BIM 对于保证工程信息的唯一性、正确性、连续性和一致性具有非常重要的意义。基于 BIM 的工作模式是一种新型的工作模式，它意味着高品质、低能耗、省投资、高效率。

BIM 技术的应用在国外起步较早，因而其认知度、普及度和推广速度要比国内高，不少国家还提供了强有力的政策支持，它被业内人士看作继计算机辅助设计(computer aided design, CAD)技术普及应用后的又一次技术的革新。从长远看，BIM 技术必将引领建筑信息化的发展潮流，大大提高土木工程信息集成化的程度[2]。经过近几年的发展，在 BIM 方面取得了一些研究和应用成果，但基本还处于起步探索阶段，尤其在道路桥梁工程中，BIM 技术的应用案例更是凤毛麟角。在桥梁的设计阶段，利用传统的图纸表达方式设计和出图的工作量很大，而且钢筋材料统计工作繁杂，容易出错，加上桥梁设计与施工工艺环节联系紧密，因此如果在设计阶段能提前把桥梁的施工过程模拟出来，就可以避免实际施工中出现的一系列问题。将 BIM 技术应用于桥梁的设计、施工阶段，就是解决以上问题的一个有效途径。它能很好地解决工程实际问题，提高设计的效率和质量，避免后期施工中遇到的问题，减少变更及返工，节约工程资金，保障施工周期，同时有助于实现桥梁工程的创新性和先进性。某种意义上，BIM 也可作为 bridge information modeling/management 的概念阐述。

目前，在我国的香港及台湾等地区，BIM 技术的研究应用已得到有力的推广，并上升到政府推广层面。同时，BIM 技术已经广泛应用于各类建筑开发，带领建筑信息化攀登新的高峰，大大提高了建筑工程信息集成化的程度。但总体来说，我国 BIM 技术的应用仍处于探索和初步应用的阶段，在我国整个建筑业仍有待深入研究和推广，尤其是在桥梁和公路工程中的应用目前还比较少。例如，在桥梁结构工程设计中，桥梁设计师往往是“双重”角色，既是该桥的“建筑师”，又是该桥的“结构师”，设计师不仅要负责方案设计还要进行结构建模计算，任务量很大。现状往往就是建模计算时，对模型的调整优化要反映到图纸上，这个过程经常反复，效率低下。由此可见，交通行业尤其是在道桥工程中引入 BIM 技术是非常有必要的。

1.2　BIM 技术的发展与应用

1.2.1　国内 BIM 技术的发展

20 世纪 60～70 年代，工程师已经开始使用计算机进行三维计算机辅助设计了。随着信息技术的发展，越来越多的工程技术人员开始使用三维技术来帮助解决设计过程中的各种问题。BIM 是近年来在基础设施行业迅速发展并应用的软件技术，也是当今建筑业中最热门的话题之一。通过 BIM 技术，工程人员可以方便地创建三维基础设施全信息模型，并将其应用于从规划设计到施工运维的工程全生命周期。对于整个中国建筑业，BIM 尚处于热议、起步的阶段。在政府相关政策的引导下，学术界、软件行业、设计企业和施工企业等分别展开了 BIM 技术的研究、开发和应用。国内相关行业经过这几年对 BIM 研究和应用，取得了一些研究成果和实践经验。

例如，敦煌莫高窟是世界文化遗产和全国重点文物保护单位，具有特殊的历史、科学和艺术价值，被誉为“东方艺术宝库”，每年吸引着世界各地的人们前来参观，但游客数量的急剧增加，对洞窟壁画和保护区的环境造成了一定的破坏。当地政府决定在莫高窟景区之外建设一个游客中心，实现对游客的分流，以减少对景区的破坏程度。游客中心的主要功能区包括游客接待大厅、多媒体展示、数字影院、球幕影院、办公用房、邮局、银行、餐厅、购物区、厨房和其他设备用房等，总建筑面积约为 11000m^2。中国建筑设计研究院采用 BIM 技术，应用 Autodesk 公司的 Revit 系列软件，模拟了该游客中心起伏变化的外部形态，把复杂的屋面形态进行分组，分解成若干相对简单的工作组，每一部分根据建筑的构件进行划分，再把模型组合在一起，从而实现游客中心功能。

慈溪大剧院项目是宁波市重点工程项目，广受社会各界关注。慈溪大剧院地上由剧院和影院两部分组成，其中剧场部分包括 1 个 1142 座的大剧院、1 个 500 座的多功能厅，而影院部分包括 1 个 400 座的 IMAX 影院、6 个中小影院，地下 1 层主要用作停车库及人防。为提高工程项目的总承包管理能力，确保慈溪大剧院工程迅速、高质量完成，施工单位以科技对生产进行支撑，以“标准化运行、信息化驱动、精细化管理”的模式，通过与在 BIM 技术方面拥有丰富经验的公司签订战略合作协议，分别从施工现场管理、进度管理、成本管理、技术管理、深化及优化设计等方面进行研究应用，成功地实现了 BIM 可视化设计、现场平面布置、四维(four dimensions, 4D)进度和动态控制、碰撞检测、三维交底、施工方案模拟及优化、工程量计算对比等功能，从而实现了对该项目精细化的管理，保障了项目质量和进度。

又如，中国光大银行天津后台服务中心项目位于天津市滨海新区，总建筑面积约为 15 万 m^2，该项目环梁支撑直径为 140m，在天津尚属首例。中国建筑第二工程局有限公司在施工时全方位应用 BIM 技术，通过数字信息仿真模拟建筑物已有的真实信息，设计集成建筑工程项目各种相关信息的工程数据模型(图 1.1)，使设计人员和工程技术人员能够对各种建筑信息做出正确的应对，并为协同工作提供坚实的基础，显著提高建筑工程整体施工效率和大量减少风险。

图 1.1　中国光大银行天津后台服务中心项目

南京禄口国际机场是我国大型枢纽机场，位于南京市东南部，距市中心直线距离为 35.8km。南京禄口国际机场建设的二期工程中，在现有跑道南侧 2000m 处建设了长为 3600m、宽为 60m 的第二跑道，飞行区等级指标为 4F；新建的 T2 旅客航站楼的面积约为 26 万 m^2，满足年处理旅客 1800 万人次规模，与原有 T1 旅客航站楼共同承担 3000 万人次吞吐量。新航站楼形体轻盈通透，充满张力，飘逸舒展的多曲面顶盖，如行云流水，气势非凡，如图 1.2 所示。航站楼金属屋盖采用“大跨度、小曲率、多变化”结构。该项目承建单位现代设计集团华东建筑设计研究院有限公司(简称“华东院”)，利用

Autodesk 公司 Revit 系列 BIM 软件对南京禄口国际机场二期航站楼的建筑结构和机械、电力及管道系统(mechanical, electrical & plumbing，MEP)进行模型构建，对设计图纸进行校核，各专业设计师利用 BIM 技术一起沟通协调解决设计中因沟通不及时造成的设计碰撞问题，不仅提高了设计效率，更提升了设计品质。

图 1.2 南京禄口国际机场

Wei 等在 BIM 学术杂志上发表的一篇文献中有关于中国建筑业 BIM 应用情况的调查，该调查结果显示，被调查公司中有 31.6%还没有开始了解 BIM 技术，有 23.7%是 2006 年以后才开始关注 BIM 技术的[3]。

2010 年，张建新对全国各省市级的建筑设计相关单位的专业人士进行问卷调查，结果表明，在 50 家建筑设计研究院相关专业人士中，应用过 BIM 技术的被调查者只占 4%，而 68%被调查者只听说过 BIM，其他 28%被调查者从未听说过 BIM[4]。与发达国家相比，中国 BIM 系统的研究与实践相对落后，虽然很多设计人员意识到了 BIM 技术的重要性，但是依然保持被动的态度。

基于以上资料及相关调查判断，中国建筑工程业 BIM 技术的发展及应用仍然处于技术的宣传、认知阶段，远未达到开展应用的阶段。业内人员对于 BIM 技术的知识倾向于自身的专业，或者局限于理论方面的知识，而缺乏实践经验。由此可看出，我国 BIM 技术的发展仍面临着众多有待解决的问题。

近年来，BIM 在我国建筑业中形成一股热潮，除了前期软件厂商的大声呼吁外，政府相关单位、各行业协会与专家、设计单位、施工企业、科研院校等也开始重视并推广 BIM 软件。

2010 年和 2011 年，中国房地产业协会商业地产专业委员会、中国建筑业协会工程建设质量管理分会、中国建筑学会工程管理研究分会、中国土木工程学会计算机应用分会组织并发布了《中国商业地产 BIM 应用研究报告2010》和《中国工程建设 BIM 应用研究报告 2011》。虽然样本不多，但一定程度上反映了 BIM 在我国工程建设行业的发展现状。根据上述报告可知，BIM 的知晓程度从 2010 年的 60%提升至 2011 年的 87%。2011 年，有 39%的单位表示已经使用了 BIM 相关软件，其中以设计单位居多。Dodge Data & Analytics 公司于 2015 年发布了 SmartMarket 研究报告《中国 BIM 应用价值研究报告》，分析了目前正在项目中应用 BIM 和尚未应用 BIM 的中国设计企业和施工企业。这个报告中的数据和分析基于 350 家中国设计企业和施工企业参与的在线问卷调查。调研结果显示，相较于其他国家，BIM 在中国刚刚起步，但其应用正处于快速发展阶段，在能最好地利用 BIM 价值的较大型企业中尤其如此。这表明中国市场正开始体验 BIM 带来的效益，并暗示未来中国在 BIM 应用方面具有领导潜力。

2015 年，中华人民共和国住房和城乡建设部印发了《关于推进建筑信息模型应用的指导意见》：到 2020 年末，建筑行业甲级勘察、设计单位以及特级、一级房屋建筑工程施工企业应掌握并实现 BIM 与企业管理系统和其他信息技术的一体化集成应用；以国有资金投入为主的大中型建筑、申报绿色建筑的公共建筑和绿色生态示范小区等新立项项目勘察设计、施工、运营维护中，集成应用 BIM 的项目比率达到 90%。

目前，我国各个行业逐步掀起了学习和应用 BIM 的热潮，有些行业还根据自身特点制定了宏伟的推进路线图，各类介绍 BIM 技术的书籍、期刊、文献等层出不穷，给希望了解或有学习需求的人员提供了很好的途径。例如，从中国知网搜索近 5 年的有关 BIM 技术的文献并统计分析来看，半数以上的文献从 BIM 的产生、发展和应用等多个方面进行了理论研究，告知读者 BIM 技术对建筑行业可起的关键性作用；而关于 BIM 技术在项目设计阶段的应用占比较少，在施工及维护方面的应用占比为 20%～30%。BIM 技术作为未来建筑工程领域的引领方向毋庸置疑，但为了更加科学、合理、有序地推广应用它，必须客观地认识 BIM 技术推广应用的现状和面临的困难，然后结合行业特点和外部软硬件配套条件，分阶段、持续地推进。

在我国香港，BIM 的发展也主要靠行业自身的推动。早在 2009 年，香港便成立了香港 BIM 学会。2010 年，香港 BIM 学会主席梁志旋表示，香港的 BIM 技术应用已经完成从概念到实用的转变，处于全面推广的最初阶段。

在我国台湾，自2008年起，“BIM”就在各建筑行业内被热烈地讨论，社会各界对BIM的关注度也很高。早在2007年，台湾大学与Autodesk公司签订了产学合作协议，重点研究BIM及动态工程模型设计。2009年，台湾大学土木工程系成立了“工程信息仿真与管理研究中心”(Research Center for Building & Infrastructure Information Modeling and Management，简称BIM研究中心)，建立了技术研发、教育训练、产业服务与应用推广的服务平台，以促进BIM相关技术与应用的经验交流、成果分享、人才培训与产学合作。为了调整及补充现有合同内容在应用BIM上的不足，BIM研究中心与淡江大学工程法律研究发展中心合作，在2011年11月出版了《工程项目应用建筑信息模型之契约模板》一书，并特别提供合同范本与说明，让用户能更清楚了解各项条文的目的、考虑重点与参考依据。高雄应用科技大学土木系也于2011年成立了工程资讯整合与模拟研究中心。台湾交通大学、台湾科技大学等也对BIM进行了广泛的研究，极大地推动了对BIM技术的认知与应用。

1.2.2 国外BIM技术的发展

1. BIM在美国的应用

美国是较早启动建筑业信息化研究的国家，也是BIM概念的发源地。为全面推广和引导BIM作为建筑全生命周期的管理技术，2003年美国发布了国家三维-四维-建筑信息模型项目，并陆续发布了一系列BIM指南[5,6]。2006年，美国陆军工程部队制定并发布了未来15年的BIM发展路线规划(2006～2020年)。2007年，美国政府规定所有重要项目均要通过BIM进行空间规划[7,8]。美国总务管理局是推广BIM在公共项目中应用的先行者，形成了政府项目应用BIM的一整套指导方针，从2008年起在政府项目中强制应用BIM。根据McGraw Hill公司的调研，工程建设行业采用BIM的比例从2007年的28%增长至2009年的49%，直至2012年的71%[9]；2014年美国的承包商高水平BIM应用达到79%。

发展至今，美国的BIM研究与应用都走在世界前列。目前，美国大多建筑项目已经开始应用BIM，而且存在各种BIM协会，也出台了各种BIM标准。BIM已成为设计方和施工方获得政府工程项目的最基本要求，即投标单位必须向总建筑师办公室提交BIM执行计划，并要通过公共建筑服务局和总建筑师办公室的审核。在美国，有很多大学和相关机构都致力于工程项目的信息化研究，BIM 已广泛应用于土地开发利用、城市规划、交通运输、景观环评、水利水电工程、工程施工等诸多领域，如图 1.3～图 1.8 所示。

图 1.3　土地开发利用

图 1.4　城市规划

图 1.5　交通运输

图 1.6　景观环评

图 1.7　水利水电工程

图 1.8　工程施工

2. BIM 在英国的应用

2010 年和 2011 年在全英国组织的一项 BIM 调研结果显示：在 2010 年，有 57%的人听说过 BIM，但使用 BIM 的人仅有 13%，有 78%的人同意 BIM 是未来趋势，同时有 94%的受访人表示会在 5 年之内应用 BIM；而在 2011 年，已有 79%的人听说过 BIM，且有 31%的人不仅听过，而且在使用 BIM。从这两年的数据对比来看，2010 年以来，BIM 技术在英国已开始迅速推广。

与大多数国家不同，英国政府要求强制使用 BIM。2011 年 5 月，英国内阁办公室发布了“政府建设战略”(government construction strategy)文件，其中有一整个关于 BIM 的章节，该章节中明确要求，到 2016 年，政府要求实现全面协同的三维 BIM，并将全部的文件以信息化管理[10]。

为了实现目标，文件制定了明确的阶段性目标，对 BIM 实施计划、应用与政府项目的强制性 BIM 标准、分阶段为政府所有项目推行 BIM 计划、确立试点项目等都进行了明确要求[11]。2013 年，英国制定了影响全球 BIM 发展的 PAS 1192-2 标准；2016 年，英国政府规定所有英国政府的建设项目都必须使用 BIM。政府要求强制使用 BIM 的文件得到了英国建筑业 BIM 标准委员会（AEC(UK) BIM Standard Committee）的支持[12,13]。2016 年以来，政府要求在公共项目中强制应用 BIM。

3. BIM 在新加坡的应用

新加坡负责建筑业管理的国家机构是建筑管理署(Building and Construction Authority, BCA)。在 BIM 这一术语引进之前，新加坡当局就注意到信息技术对建筑业的重要作用。早在 1982 年，BCA 就有了人工智能规划审批(artificial intelligence plan checking)的想法。2000～2004 年，BCA 发展了 CORENET (Construction and Real Estate Network)项目，用于电子规划的自动审批和在线提交。2004，年 BCA 又开发完成了集成建筑服务 BIM 系统。从 2011 年开始，新加坡要求所有政府施工项目都必须使用 BIM。目前，新加坡建设局已制定了强制 BIM 电子审查制度，要求工程建设项目必须进行 BIM 成果提交审查[14]，并通过 CORENET 系统进行 BIM 审批，将 BIM 作为公建项目采购的一部分。自 2015 年 7 月 1 日起，超过 5000m^2 的项目审批均要提交 BIM 格式设计文件。

4. BIM 在北欧的应用

北欧包括挪威、丹麦、瑞典和芬兰等，是一些主要的建筑业信息技术的软件厂商所在地，如 Tekla 和 Solibri，而且对发源于匈牙利的 ArchiCAD 软件的应用率也很高。因此，这些国家是全球最先一批采用基于模型设计的国家，它们在推动建筑信息技术的互用性和开放标准建立等方面发挥了重要作用。

由于北欧国家冬天漫长多雪，故对建筑预制化非常重要，这促进了包含丰富数据、基于模型的 BIM 技术的发展，并促使这些国家及早地进行了对BIM的部署。北欧四国政府并未强制要求使用BIM，BIM的发展主要是企业的自觉行为。目前，北欧的整个建筑产业链内的协同水平非常高，基本实现了规划、设计、制造、施工等过程中的信息共享[15]。

5. BIM 在日本的应用

在日本，有“2009年是日本的BIM元年”之说，大量的日本设计公司、施工企业已开始应用BIM。例如，日本国土交通省在2010年3月表示，已选择一项政府建设项目作为试点，探索BIM在设计可视化、信息整合方面的价值及实施流程。

2010年，日经商业出版公司调研了517位来自设计院、施工企业及相关建筑业的从业人士，了解他们对于 BIM 的认知度与应用情况。结果显示，BIM的知晓度从2007年的30.2%提升至2010年的76.4%；2008年人们采用BIM的最主要原因是它具有绝佳的展示效果，而2010年采用的主要原因是BIM可以提升工作效率；仅有7%的业主要求施工企业应用BIM，这也表明日本企业应用BIM更多是企业的自身选择与需求；日本33%的施工企业已经应用BIM了，在这些企业当中近90%是在2009年之前开始实施的。由2014年McGraw Hill发布的关于全球主要市场施工BIM应用研究报告可知，日本的承包商高水平BIM应用百分比(按国家分类)为43%，比2013年提高了15%。日本建筑学会发布的《日本BIM指南》更是对BIM运用、产权及交付等细则做了详细阐述。

6. BIM 在韩国的应用

2010年1月，韩国发布了《建筑领域BIM应用指南》。该指南为开发商、建筑师和工程师在申请4大行政部门、16个都市以及6个公共机构的项目时，提供了采用 BIM 技术时必须注意的方法及要素的指导。土木领域的BIM应用指南也已立项，暂定名为《土木领域3D设计指南》。

韩国主要的建筑公司都在积极采用BIM技术，如现代建设、三星建设、空间综合建筑事务所、大宇建设、GS建设、Daelim建设等公司。其中，Daelim

建设公司将BIM技术应用到桥梁的施工管理中，BMIS公司利用BIM软件Digital Project 对建筑设计阶段及施工阶段的一体化进行研究和实施等。截至 2016 年，韩国已利用 BIM 完成超过 5000 万美元的项目且公建项目全面应用 BIM。

1.2.3 BIM 技术的应用历程

BIM 应用从概念提出至今，大致经历了三个发展阶段：第一阶段，主要围绕如何利用三维设计软件完成工程项目所需的施工图档，并在此基础上完成建筑效果渲染、漫游动画等建筑工程表现；第二阶段，主要围绕多专业完整建筑信息模型的模拟、分析，主要应用领域已经跨越民用建筑工程，延伸到工业建筑、水利水电等多个工程设计领域；第三阶段，主要围绕 BIM 数据的管理和应用，除设计企业外，越来越多的施工方和业主开始引入 BIM 技术，并将其作为重要的信息化技术手段逐步应用于企业管理[16]，各大软件厂商提供的 BIM 解决方案也日趋丰富和可行。

1. BIM 标准演化

BIM 需要在项目整个生命周期不同参与方的各种软件间交换信息，如 CAD 软件、性能分析软件、施工管理软件、运营管理软件及审核 Web 平台[17]。同一大型软件开发商开发的系列软件之间数据交换很方便，但不同厂商软件之间缺乏交互性，实现上述不同阶段不同功能的主流软件又属于不同的软件厂商，如 CAD 系列软件属于 Autodesk 公司，用于性能分析的 Ansys、Midas、桥梁博士等软件则分属于其他公司，不同软件建立的三维模型数据格式不同，不能实现数据间直接调用[18]。目前的困难是缺少成熟的通用软件，各专业也没有制定明确而权威的数据标准格式，现在普遍使用的各专业辅助设计软件大部分没有 BIM 接口[19,20]，而其中数据标准格式的制定又是最关键的。

国际上主要开发研究 BIM 标准的机构是 BuildingSMART。BIM 标准主要包括三方面内容：数据模型 IFC 标准、过程信息交付手册(information delivery manual, IDM)和数据字典(international framework for dictionaries, IFD)标准。IFC 提供标准化信息交换的格式以便于数据交换，IDM 确定具体需要交换的信息以及每一个这样的信息交换需要哪些 IFC 里的内容，IFD 提供为确保信息交换的一致性而设定的标准术语。进入 21 世纪后，在 BIM 应用方面起步较早的一些国家相继制定了各自的 BIM 标准，详见表 1.1，这些标准或指南在推动本国建筑工程领域 BIM 技术应用方面起到了非常大的引导作用。

表 1.1 国外 BIM 技术标准的发展现状

序号	国家	主管部门	标准名称	发布时间
1	美国	建筑科学研究院	《NBIMS》(第二版)	2012 年
2	英国	“AEC(UK) BIM 标准”项目委员会	《建筑信息模型规程》(第二版)	2012 年
3	日本	建筑学会	《日本 BIM 指南》	2012 年
4	新加坡	建设局	《新加坡 BIM 指南》(2.0 版)	2013 年
5	韩国	国土交通海洋部	《建筑领域 BIM 应用指南》	2010 年

我国国内对 BIM 技术数据标准化的研究刚刚起步，由于缺乏大型软件开发公司，且技术储备和软件平台不足，开展这项工作面临许多困难。就是在这种条件下，不同行业主管部门统一部署、迅速行动，短期内还是取得了非常大的进展。例如，2011 年清华大学 BIM 课题组主编的《中国建筑信息模型标准框架研究》(CBIMS)第一版出版。2014 年北京市发布了《民用建筑信息模型设计标准》(DB11/T 1069—2014)，同年住房和城乡建设部也下发了《建筑工程信息模型应用统一标准》(征求意见稿)，对建筑模型数据格式初步提出了可采用相关方协商确定的专用标准或开发的通用标准的规定，保证数据能被各方直接读取。2015 年我国住房和城乡建设部正式印发《关于推进建筑信息模型应用的指导意见》，明确指出应建立企业和人员的 BIM 应用水平考核评价机制，但实践中企业往往仅成立了 BIM 部门，以应对企业招投标或部分项目展示的需要[21]。目前，我国颁布的 BIM 技术规范、标准有《建筑信息模型应用统一标准》(GB/T 51212—2016)、《建筑信息模型分类和编码标准》(GB/T 51269—2017)、《建筑信息模型施工应用标准》(GB/T 51235—2017)、《建筑信息模型设计交付标准》(GB/T 51301—2018)和《制造工业工程设计信息模型应用标准》(GB/T 51362—2019)等，而《建筑工程信息模型存储标准》正在送审中。可见，我国 BIM 技术研究与应用前景虽好，但相关的部分标准规范刚刚出台，仍有待于实践应用，若想 BIM 技术持续稳步发展，还需建立自己的标准体系以适应建筑、交通、水利等各行业需求，推动 BIM 技术在我国的规范化发展。

交通行业有别于建筑行业，尤其是铁路工程，不同于工点式的单体建筑，多呈带状分布，与地形结合紧密，区域范围广，结构形式复杂，涉及专业多，数据海量，每一项突破都是一次革命。另外，交通工程领域的设计师往往既是“建筑师”又是“结构师”，设计师不仅要负责方案设计还要进行建模计算，工作量巨大[22]。作为交通工程领域的主力军，中国国家铁路集团有限公司也于 2014 年全面启动了中国铁路 BIM 标准体系框架研究。目前，国家铁路局规划与标准研究院已完成了《铁路工程信息模型(REIM)应用统一标准》报批稿报送工作，同时，各层级的 BIM 标准和手册制定工作正稳步推进。目前，我国的铁路工程综合技术(尤其是高铁技术)在国际上处于领先水平，如何把 BIM 技术很好地应用到铁路工程行业并走向国际，尚无类似经验可借鉴，需要统筹考虑软件开发、标准制定等相关工作。

2. BIM 主流软件发展

当前国际上比较主流的 BIM 核心建模软件主要有 Autodesk 公司的 Revit 系列软件、Bentley 公司的 Bentley 系列软件、Nemetschek 公司的 ArchiCAD 系列软件、Dassault 公司的 CATIA 系列软件等。这几款软件适用的领域不同，性价比差别也比较大(表 1.2)，各软件之间的数据互通性差，集成能力弱，有必要规范行业发展，借助某种理论或标准来推动各软件数据接口的互联互通。

表 1.2　主流 BIM 软件及应用领域

序号	名称	开发商	主要应用领域	优点	缺点
1	Revit 系列	Autodesk 公司	建筑、结构和机电工程	符合用户习惯，操作简单	对异型构造的处理能力不足，不能满足地质专业三维建模需求
2	Bentley 系列	Bentley 公司	工厂设计(石油、化工、电力、医药等)和基础设施(道路、桥梁、市政、水利等)	在国内土木行业有不少针对性解决方案	不符合用户操作习惯，使用的部分格式非主流
3	CATIA 系列	Dassault 公司	航空、航天、汽车等	综合性能较高，旗下不同软件数据格式统一，可实现数据无缝连接	价格较贵，对工程建设行业标准支持不够
4	ArchiCAD 系列	Nemetschek 公司	建筑工程	设计能力强大	不能满足其他专业需求

目前，表 1.2 中的几款主流 BIM 软件多用于三维建模、效果展示及三维设计和施工，由于受制于软件本身或软件间数据接口问题，还不能直接用于结构受力分析。如果项目的 BIM 建模模型跟项目的计算模型能互相关联或者

是同一个数据模型，这样交互的模式就能很好地解决设计阶段的问题[23]。所以，美国 BuildingSMART 联盟主席 Smitnz 指出“依靠一个软件解决所有问题的时代已经一去不复返了”。从这一点理解，BIM 软件不是指某一款单一的软件，而是指一系列软件，这些软件间需具有最大的通用性和良好的数据接口，可以实现在项目不同阶段，不同利益相关方通过在 BIM 中插入、提取、更新和修改信息，以支持和反映各自职责的协同工作。

国内自主开发的几款应用于建筑工程领域的 BIM 软件，如清华大学自主研发的 BIM 建模系统和基于 BIM 的四维施工项目管理系列软件、上海鲁班软件有限公司的鲁班软件，都是创建的接口平台，通过协调、调用不同的工具软件实现不同的功能，最后通过平台达到虚拟、多维呈现[24,25]，以满足不同需求。中国建筑科学研究院开发完成了 PKPM 软件的 IFC 接口。一些中小软件企业也进行了基于 IFC 的软件开发工作并取得实效。可见，BIM 未来的发展趋势是开发一个 BIM 技术的集成软件平台，从初期的勘察、规划和设计到中期的施工，再到后期的运营维护，由一个数据协调传递的软件平台统一进行。

结合带状的铁路或公路工程线长点多、结构形式不一、场地条件多变、涉及专业众多、软件需求差异化大等特点，考虑到目前国内各类设计院均大量使用 AutoCAD 的事实，Revit 系列软件与其同属一个公司产品，软件间交互性好，且性价比高，是一个不错的选择。例如，塞拉利昂弗里敦东线 61.8km 道路改扩建项目(图 1.9)，通过 Revit(Navisworks)、Civil 3D(Infrasworks)等配套使用可以满足常用桥涵、道路等 BIM 初级应用需求。BIM 应用软件的选择应遵循“起步阶段引进为主，深入阶段在引进的基础上做好二次开放，同时建模软件和集成软件并重”的原则进行，这样才能有序推进并实现较好的效果。

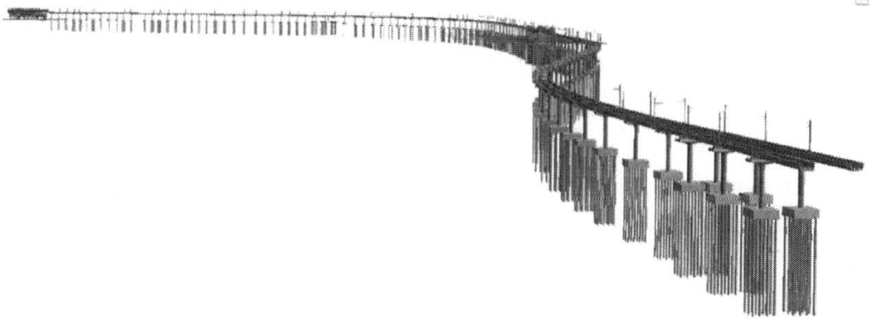

图 1.9　桥梁 BIM

1.3 BIM 技术在交通行业的应用现状

在建筑行业里，BIM 技术作为新兴之秀，它的作用不容忽视。在交通行业，美国多个州的运输局都已经将 BIM 应用于基础设施解决方案，日本政府已经把基于 BIM 的三维 CAD 推广列入了政府信息化规划。近年来我国的一些大设计院在某些大型项目中已开始应用 BIM 技术，其在路桥方面多个重大路桥建造中也有应用。在路桥建造过程中，使用 BIM 技术可以提高工程质量和施工效率，提升项目管理水平。但不管是应用范围和应用深度，总体上来看，我国与欧美等国家仍有较大的差距。在公路设计行业，虽然进行了诸多有益的尝试，但远未达到成熟、广泛的应用程度。

BIM 技术虽然具有众多优点，但要在我国现阶段全面推广应用，尤其是在铁路、公路工程领域，还面临无标准或标准不统一、软件不成熟、硬件配置不能满足要求、投资回报期长等一系列问题和困难。

尽管交通工程行业发展和应用 BIM 技术面临很多困难，但是行业人士对 BIM 技术应用将是未来发展的必然趋势的认同是一致的，尤其是铁路行业，起步虽晚，但启动较快。目前中国国家铁路集团有限公司已开始大力推动 BIM 技术在铁路工程建设中的应用，并于 2013 年启动了铁路工程建设信息化关键技术的研究，各大铁路科研院所、设计院、工程局都组建了自己的 BIM 研发团队，致力于 BIM 技术的应用研究和配套标准的建立工作，其中各大设计院的研发和应用工作走到了前列。例如，中铁第一勘察设计院集团有限公司利用航空遥感影像数据和地形数据成功地研究了带状大范围工程设计三维真实感场景技术[26]；中铁第二勘察设计院集团有限公司研发了基于数字地球的铁路三维空间选线系统及二维、三维结合的测绘数据集成共享平台[27]；中铁第三勘察设计院集团有限公司开展了基于地理信息系统(geographic information system,GIS)、网络、虚拟现实、数据库等新技术的数字化三维协同设计系统研究与开发[28]；中铁第四勘察设计院集团有限公司基于航空摄影与遥感技术、虚拟现实技术等开发了用于铁路线路设计的矢量图形系统[29]，这些应用研究工作为铁路工程设计应用 BIM 技术开辟了新途径。下面介绍 BIM 技术在铁路项目施工阶段中的应用情况。

广东虎门二桥工程全线均为桥梁，包括东涌、骝东(规划预留)、海鸥岛、沙田 4 处互通立交和两座特大悬索桥。其中，坭洲水道桥主跨为 1688m；大沙水道桥主跨为 1200m；引桥主要采用 30～62.5m 跨径预应力混凝土桥。图 1.10 为广东虎门二桥项目 BIM 数字化建模。围绕数字化设计、数字化施工、信息化管理三大方向，在图纸校核、模型变更维护、交工三维设计、结构深化设计、碰撞检查、新旧净空检查、管线检查、关键施工方案模拟、BIM 数字交互平台项目协同管理、预制梁场在线管理、钢结构进度质量管理等方面开展了深入研究。

图 1.10　广东虎门二桥项目 BIM 数字化建模

渝黔铁路新白沙沱长江大桥是渝黔铁路的关键控制性工程，全长 5.3km，是世界上首座双层六线铁路钢桁梁斜拉桥，也是世界上延米载荷最大的桥梁。渝黔铁路新白沙沱长江大桥分为上下两层，上层为四线客车线，包括两线渝黔客车线和两线预留渝湘客车线，设计时速为 200km；下层为两线渝黔货车线，设计时速为 120km。主桥采用双塔双索面钢桁梁斜拉桥，主跨为 432m，全长 920m。两主塔均为 H 形钢筋混凝土塔，2#塔高为 175m，3#塔高为 192m。钢桁梁桁宽为 24.5m，桁高为 15.2m。全桥钢梁总重 4.1 万 t，斜拉索重 3300t。通过深入研究，实现了 BIM 设计建模、设计与施工模型共享、跨平台物料管理、实时动态进度管理、四维施工模拟、安全与质量管理、钢梁成本管理等七大应用点。图 1.11 为渝黔铁路白沙沱长江大桥 BIM 效果图。

西安—成都高速铁路，简称西成高铁，又称西成客运专线，是一条连接陕西省西安市和四川省成都市的高速铁路，是 2016 年修订的《中长期铁路网规划》中“八纵八横”高速铁路主通道之一，是中国首条穿越秦岭的高速铁路。西成高铁于 2012 年 10 月 27 日正式开工，2014 年 12 月 20 日江油至成都段投运，2017 年 12 月 6 日全线正式通车。西成高铁由西安北站至成都东站，全长 658km，设 22 个车站，设计的最高速度为 250km/h。其中，江油

图 1.11　渝黔铁路新白沙沱长江大桥 BIM 效果图

北站起止里程为 D4K475+103.850～D4K476+958.212，全长 1.8km，主要包括站场路基、填方路堤、路基主体及附属构筑物(涵洞、旅客通道等)；试验段为 D4K476+100～+380，全长 280m，有 4 条轨道；现场离厚坝镇中心较近，交通便利，通信信号良好，具备良好的网络布置及试验段实施条件。图 1.12 为西成高铁项目的场地布置情况。

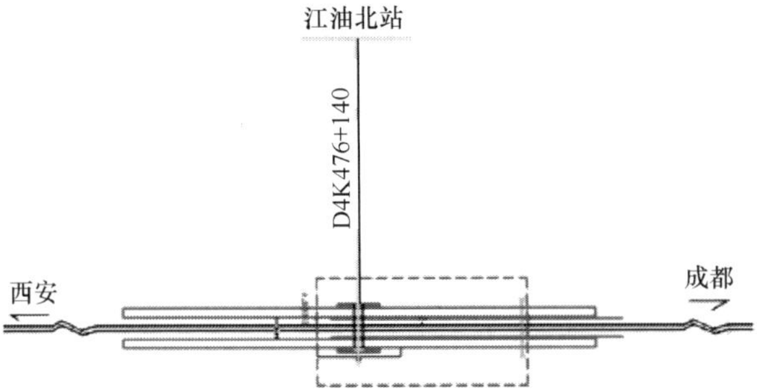

图 1.12　西成高铁项目现场布置情况

BIM 技术应用于该项目的以下阶段。①在设计阶段，主要设计内容包括路基主体带状工程、路基分层填筑、站房、地质模型及其他构筑物，这些设计可为实现路基专业 BIM 设计奠定基础。利用 Civil 3D 开展路线平面和纵断面设计，通过参数化定义标准横断面、生成三维道路模型、生成路基横断面设计图纸、路基施工分层模型(Civil 3D，利用设计模型拆分)完成路基本体建模。②在施工阶段，BIM 应用体现在：路基数字工地的构建、数字化的施工机械(推土机三维引导系统、平地机铲刀自动控制系统、智能压实系统、三维挖掘机引导系统)展示、数位路基沉降观测网络覆盖及视频监控，以及工程车辆、机械及物料管理系统信息存储等，各参与方可在统一的平台上获取所需的全部信息。③在运维阶段，通过 BIM 可实现设计模型与施工填筑等信息模型整合、施工反馈数据获取、路基填筑过程远程动态展示及历史数据查询。通过西安到成都高速铁路江油北站路基工程 BIM 全过程应用试验，解决了快速三维建模、模型数据指导数字化施工、三维信息管理平台研发、施工反馈数据与管理平台关联等问题，只需对普通的推土机、挖掘机、压路机等机械简单加装测量定位、控制及传感设备，施工流程与传统方法仍基本一致。

同样，BIM 技术在公路行业的发展起步较晚，但发展速度较快。2016 年，交通运输部先后下发了《关于实施绿色公路建设的指导意见》和《关于打造公路水运品质工程的指导意见》；2017 年，又发布了《交通运输部办公厅关于印发推进智慧交通发展行动计划(2017—2020 年)的通知》，通知中指出要深化 BIM 技术在公路、水运领域的应用。在公路领域，选取国家高速公路、特大型桥梁、特长隧道等重大基础设施项目，鼓励企业在设计、建设、运维等阶段开展 BIM 技术应用。在设计阶段，深化 BIM 技术在协同设计、方案比选和仿真评价等方面的应用；在建设阶段，深化 BIM 技术在设计交付、虚拟建造、施工组织、质量管理等方面的应用；在运维阶段，建设 BIM+GIS 可视化平台，依托建设期形成的 BIM 数据库，加强在养护、运营、监测、应急、管理等方面的应用。同年，交通运输部下发的《交通运输部关于开展公路 BIM 技术应用示范工程建设的通知》中明确指出，在项目设计、施工、运维不同阶段实施 BIM 的应用，同时确定了第一批公路 BIM 示范项目。在国家政策的指导下，我国各省市也出台了相应的政策，推动 BIM 技术在本领域的应用。目前，BIM 技术在公路设计中的应用主要是公路项目的设计方案比选的可视化、三维空间关系比对等；在公路施工中主要用于施工项目建设过程的模拟及效果展示，还没能深入到工序的合理衔接及优化、材料设备的利用效率等方面。可见，目前公路工程各专业尚没有较为完善的软件解决方案、缺少公路工程行业 BIM 标准、欠缺专业化的人才等，BIM 技术在公路行业的应用仍需逐步的探索和研究。

下面几个实例是 BIM 技术在公路设计、施工中的应用。

例如，邢汾高速公路起于京港澳高速公路邢台南互通南侧 1.5km 处，与现有京港澳高速公路邢台南互通形成复合型互通，连接邢临高速及京港澳高速公路，向西经邢台市高新技术开发区，在新建村北跨 G107、京广铁路后横穿兴泰发电股份有限公司粉煤灰池，进入沙河后西行约 600m，路线折向西北，在羊范镇东侧跨越邢峰线(S322)，继续向西北延伸，在太子井东继续向西经漳沱村南至龙泉寺，沿邢左线北经城计头北、路罗北、桃树坪至冀晋省界，路线全长 84.329km。全线共设置特大桥 1 座(7098.24m)，大桥 57 座，中小桥 34 座，涵洞 104 道；隧道 15 座，其中特长隧道 1 座(总长 8457.57m，河北段长 1663.5m)、长隧道 4 座、中隧道 3 座、短隧道 7 座；留村枢纽、沙河、羊范、太子井、龙泉寺、路罗互通式立交 6 处；邢台西服务区、龙泉寺服务区、清家沟服务区 3 处；分离式立交 12 座，天桥 17 座，通道 17 道。

项目工程特点为：主线桥隧比达 48%，点多线长；沿途地形地质条件复杂，施工现场条件有限；典型的山区高速公路项目，施工技术复杂；长距离多标段同时施工，施工组织管理难度大。鉴于此，项目组利用 Autodesk Revit 系列软件创建 BIM(图 1.13)、划分施工段，利用 Autodesk Civil 3D 处理地形测绘数据，形成地形三维模型；在清华大学土木系 4D-BIM 系统基础上，结合高速公路工程特点，将 BIM 与 GIS 技术相结合，自主研发了“基于 BIM 的邢汾高速公路 4D 施工管理系统”，建立了邢汾高速公路整体线路、工程标段、重点桥隧等不同细度的 BIM 施工模型，实现了整体线路宏观管理、工程标段中观管理与典型桥隧精细管理相结合的多层次 4D 施工集成管理及过程模拟，并提出了多细度、多层次 BIM 管理理念。

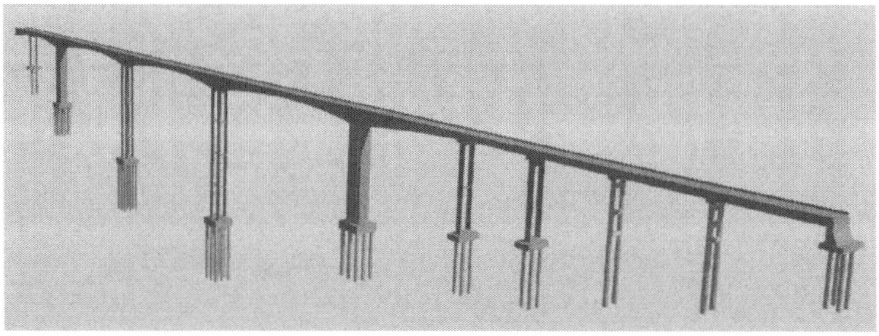

图 1.13　洺水一号桥模型

再如，中山至开平高速公路是广东省沿海地区重要的东西向高速公路，刘志统[30]选取中开高速公路一期工程 K9 + 800～K11 + 000 路段设计，应用 Bentley 等软件进行模型创建和应用分析。图 1.14 为该项目三维可视化效果图。

又如，三穗至施秉高速公路上羊满哨互通立体式交叉互通立交枢纽，设计时速为 60km，互通区设有桥梁 6 座，全长 1185m，占地面积约 50000m^2。互通匝道桥设计采用预制 T 梁和现浇箱梁架设。该项目面临施工环境复杂、施工组织难度大、施工技术难度大、工期紧等诸多问题，而 BIM 技术的三维可视化、信息实时共享、多维协同管理等优势能够有助于解决上述难题。该工程采用 Autodesk Revit 系列软件中的活动工作集的方式进行协同建模，实现施工工艺仿真与工程进度四维模拟，利用工程统计及碰撞检查等手段，达

图 1.14 项目三维可视化效果图

到了精确控制材料用量和方案优化的目的，形成了基于 BIM 技术的协同管理平台[31]。图 1.15 为项目三维渲染模型。

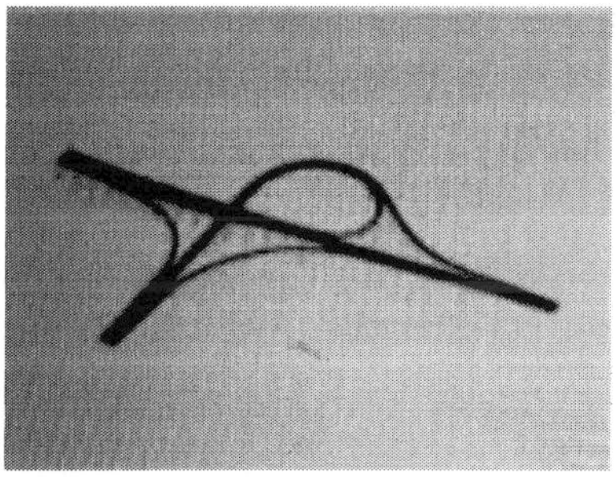

图 1.15 立交三维渲染模型

1.4 BIM 技术在交通行业的应用特点

BIM 技术具有众多优点不容置疑，但仍存在无标准或标准不统一、软件不成熟、硬件配置不能满足要求、投资回报期长等一些问题。综合来说，BIM 技术在交通行业中的应用具有以下特点。

1. 涉及专业种类多且差异性大

建筑工程是工点工程，交通工程是线路工程。一个公路或铁路项目涉及的专业种类很多，尤其以铁路项目最为繁杂，主要包括勘察(地质、测量)、土建(线路、桥梁、隧道、路基、轨道、站场)、机械(机车、车辆)和“四电”(通信、信号、电力、电气化)等工程类别。上述专业既具有典型的行业特色，又具有显著的自身特点，这种细化的分工导致专业接口多，专业间界面复杂，信息很难在整个项目中实现集成和形成闭环。如何实现同一项目不同专业间信息的充分共享和关联，对 BIM 技术提出了更高的要求。

2. 行业标准不成熟

BIM 需要在项目整个生命周期不同参与方的各种软件间交换信息，如 CAD 软件、性能分析软件、施工管理软件、运营管理软件及审核 Web 平台。在 BIM 应用方面起步较早的一些国家相继制定了各自的 BIM 标准，但均局限于建筑工程领域，并未涵盖交通行业[5,6]。当前国际上比较主流的 BIM 核心建模软件都集中在国外，国内各行业普遍缺乏大型软件开发商，在制定 BIM 数据标准方面面临很多尴尬和困难也是不争的事实。

结合交通工程与建筑工程的区别，考虑到其环境的复杂性和工程的特殊性等特点，应用 BIM 技术有一定难度，且目前无成熟的经验可借鉴，其行业标准的制定必然是一项系统而又复杂的工程。

目前交通行业缺乏明确而权威的 BIM 标准格式。交通领域 BIM 标准应该在与国际标准接轨的同时，要优先满足国家 BIM 标准的要求，然后借鉴建筑行业 BIM 标准方面一些成熟的做法，以形成一个完整的标准体系，必须支持软件开发和工程应用，包括技术标准和实施标准(图 1.16)。技术标准包括数据存储标准、信息语义标准、信息传递标准[7]，其主要目标是实现项目建设全生命周期内不同参与方间的互操作性，用于指导和规范交通领域 BIM 标准软件开发。实施标准是技术标准的使用规范，主要用于指导和规范规划、

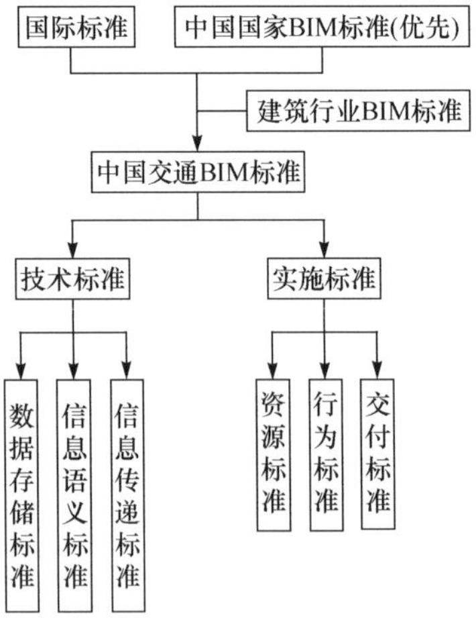

图 1.16　中国交通 BIM 标准发展路径

设计、施工、建设管理、运营维护等具体操作层面实施BIM标准。

3. 综合数据处理技术急需提高

BIM与GIS的融合是BIM技术在交通行业应用的一个方向。交通领域工程项目不同于工点式的单体建筑工程，呈带状分布，与沿线地质、水文、地形等空间地理信息密切相关，每一类别空间地理信息因素的异同都可能引起线形、桥位、桥型等设计方案的巨大反差，而建立和处理满足设计深度要求的空间地理信息数据是海量的，一定程度上超过专注于主体结构的BIM本身，需要采用云计算技术，二者的融合对现有软硬件技术都提出了挑战。目前及今后在开展交通领域辅助设计软件开发时，要统筹兼顾BIM和GIS的数据标准和集成平台等关键技术，实现二者的优势互补和良好融合。

GIS是一个专门管理地理信息的计算机软件系统，它不但能分门别类、分级分层地管理各种地理信息，而且能将它们进行各种组合、分析等。目前，GIS标准化和数字化程度高，比较成熟，可以辅助BIM搭建周边地理环境的大场景，提高BIM的建筑性能信息完备性。从一定意义上来说，GIS技术也属于BIM技术范畴，但由于其专业特点而自成一体，暂按两块内容来理解。

4. 协同设计需加强

鉴于BIM技术在交通领域的应用注重协同工作，这将是一项巨大、复杂、持续和系统的工程，涉及政策、经济、技术、人力、管理等多方面的风险。从某种程度上来说，BIM技术应用不仅仅是单纯的技术问题，而更多的是统筹管理问题。交通工程项目各专业之间的配合与协调如何影响总体设计质量的高低。BIM要求工程设计必须实现三维设计，能够根据3D模型自动生成各种图形和文档，而且始终与模型逻辑相关，当模型发生变化时，与之关联的图形和文档将自动更新[16]。在BIM中，设计过程中所创建的对象存在着内在的逻辑关联关系，当某个对象发生变化时，与之关联的对象随之变化，这样就实现了不同专业设计之间的信息共享。当某个专业设计的对象被修改后，其他专业设计中的该对象会随之更新，这样各专业之间的设计过程或成果将统一实时呈现在BIM上，实现信息自然交互，也就实现了各专业之间的协同设计。

总之，BIM技术将作为引导交通行业走向信息化的一种高层次技术，它的全面应用将对交通行业产生不可估量的影响，不仅能提升工程项目的集成化程度，还能为工程项目带来巨大的经济效益。BIM 技术贯穿道路工程整个项目全生命周期，对于保证质量、降低成本等具有重要意义。但就目前而言，交通行业对于 BIM 技术的应用和掌握尚处在初级阶段，针对其在该领域的标准制定、软件开发、数据集成以及推广应用方面存在的困难，需要进一步探索和规范化、标准化。

第 2 章　BIM 技术在道桥领域应用实施框架

2.1　BIM 技术的基本特征

BIM 是以建筑工程项目的各项相关信息数据为基础而建立的建筑模型。通过数字信息仿真，模拟建筑物具有的真实信息。BIM 是以从设计、施工到运营协调、项目信息为基础而构建的集成流程，具有可视化、协调性、模拟性、优化性和可出图性五大特征。建筑公司通过使用 BIM，可以在整个流程中将统一的信息创新、设计并绘制出项目，还可以通过真实性模拟和建筑可视化更好地沟通，以便让项目各方了解成本、工期和环境影响。

1. 可视化

可视化即“所见即所得”的形式，对于建筑行业来说，可视化真正运用在建筑业的作用非常大。例如，经常拿到的施工图纸只是各个构件的信息，在图纸上以线条绘制表达，但是真正的构造形式需要建筑业人员自行想象。如果建筑结构简单，没有太大的问题，但是近几年形式各异、造型复杂的建筑不断推出，那么仅靠想象就不太现实了，所以 BIM 提供了可视化思路[32]，将以往的线条式构件改变成一种三维的立体实物图形展示在人们面前。三维模型如图 2.1 所示。

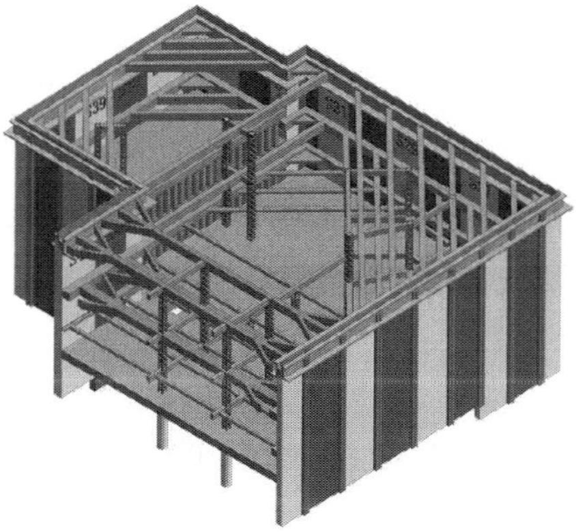

图 2.1　某地铁车站维护结构可视化模型

以前，建筑业也会制作设计方面的效果图，但是这种效果图是分包给专业的效果图制作团队，根据线条式信息识读设计制作出来，并不是通过构件的信息自动生成的，因此缺少了同构件之间的互动性和反馈性[33]。而BIM中的结构可视化，则是一种能够在同构件之间形成互动性和反馈性的可视化。在BIM中，由于整个过程都是可视的，所以可以用于效果图的展示和报表的生成。更重要的是，通过建筑可视化，可以在项目的设计、建造和运营过程中进行沟通、讨论和决策。

BIM作为一种可视化程度较高的工具，包含项目的几何、物理、功能等信息，加上与各类分析计算模拟软件的集成，将大大拓展其可视化的表现能力。在一定阶段，BIM是随着关联要素的改变而不断实时动态自动更新的，其可视化效果与设计也是始终保持一致的。结合碰撞检查功能，BIM软件可以真实生动地把“错、碰、漏、缺”等问题呈献给设计人员，因此今后设计院审图工作的重心会从偏向查找问题逐步转向如何解决问题。

2. 协调性

协调性是建筑业中的重点内容，无论是施工单位和设计单位还是业主，都在做着协调及相互配合的工作。一旦在项目的实施过程中遇到了问题，就需要将各相关人员组织起来进行协调，找出施工中问题发生的原因及解决办法，然后做出相应变更、找出补救措施等。那么，问题的协调就只能等问题出现后再进行协调吗？在设计时，各专业设计师之间的沟通不到位，往往会出现各种专业之间的碰撞问题[34]，例如，在对暖通(供热、供燃气、通风及空调工程等)管道进行布置时，可能遇到构件阻碍管线的布置等问题。这是施工中经常遇到的碰撞问题，而BIM的协调性服务，可以帮助设计师处理这种问题，也就是说BIM可在建筑物建造前期，对各专业的碰撞问题进行协调，生成并提供协调数据。当然，BIM的协调作用也不止用于解决各专业间的碰撞问题，还可以解决电梯井布置与其他设计布置及净空要求的协调、防火分区与其他设计布置的协调，以及地下水布置与其他设计布置的协调等问题。基于工作平台的多专业协同如图2.2所示。

3. 模拟性

BIM的模拟性并不是只能模拟、设计出建筑物的模型，还可以模拟难以在真实世界中进行操作的事件[35]，如图2.3所示。在设计阶段，BIM可以对设计上需要进行模拟的一些事件进行模拟实验，如节能模拟、紧急疏散模拟、

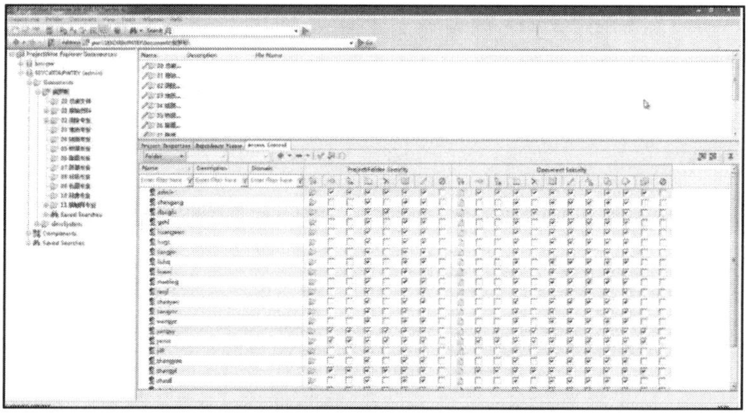

图 2.2　基于工作平台的多专业协同

日照模拟和热能传导模拟等。在招投标和施工阶段可以进行 4D 模拟(3D 模型加上项目的发展时间)，也就是根据施工的组织设计模拟实际施工，从而确定合理的施工方案。同时，还可以进行 5D 模拟(基于 3D 模型的造价控制)，从而实现成本控制。在后期运营阶段，可以进行日常紧急情况处理方式的模拟，如地震人员逃生模拟和消防人员疏散模拟等。

图 2.3　漫游模拟

设计单位通过 BIM 初步解决了设计项目的可施工性，但实施性施工方案的比选和优化，还需综合考虑工程地质、水文地质、空间尺寸、机械配置、施工进度、成本控制等多种因素，通过虚拟施工后确定。例如，针对某轻型桥梁制定的吊车架梁方案，首先要考虑吊车吨位、起吊能力、吊车尺寸、净空要求、吊车占位及支反力、对关联条件的影响等，可通过管理交互平台调用 BIM 软件和计算分析软件实现，并根据反馈的问题信息优化施工方案，可真正找到安全、质量、进度、效益的最佳平衡点。

4. 优化性

事实上，整个设计、施工和运营的过程就是一个不断优化的过程，在 BIM 的基础上，可以更好地进行优化(图 2.4)。优化通常受信息、复杂程度和时间的制约。准确的信息影响优化的最终结果，BIM 提供了建筑物实际存在的信息，包括几何信息、物理信息及规则信息。对于高度复杂的项目，由于参与人员本身的原因，往往无法掌握所有信息，所以需要借助一定的科学技术和设备。现代建筑物的复杂程度大多超过参与人员本身的能力极限，BIM 及其配套的各种优化工具提供了对复杂项目进行优化的功能。基于 BIM 的优化，可以完成以下两种任务。一种是对项目方案的优化。把项目设计和投资回报分析结合起来，可以实时计算出设计变化对投资回报的影响。这样业主对设计方案的选择就不会停留在对形状的评价上，而是哪种项目设计方案更有利于自身的需求。另一种是对特殊项目的设计优化。在大空间随处可看到异型设计[36]，如裙楼、幕墙和屋顶等。这些部分看似占整个建筑的比例不大，但是占投资和工作量的比例往往很大，而且通常是施工难度较大和施工问题较多的地方，对这些部分的设计施工方案进行优化，可以显著缩短工期、降低造价。

图 2.4　方案优化

随着技术的进步，越来越多的 BIM 软件基本上都具备了方案优化的功能。例如，在同一模型中创建多个方案，以便于方案的对比和决策，同时能在多个方案之间快速切换，进行方案对比。

5. 可出图性

BIM 绘制的图纸，不同于建筑设计院设计的图纸或者一些构件的加工图纸，它是通过对建筑物进行可视化展示、协调、模拟和优化以后，绘制出的综合管线图(经过碰撞检查和设计修改，消除相应错误)、综合结构留洞图(预埋套管图)以及碰撞侦察报告和建议改进方案。图 2.5 为利用 BIM 进行设计优化与出图。

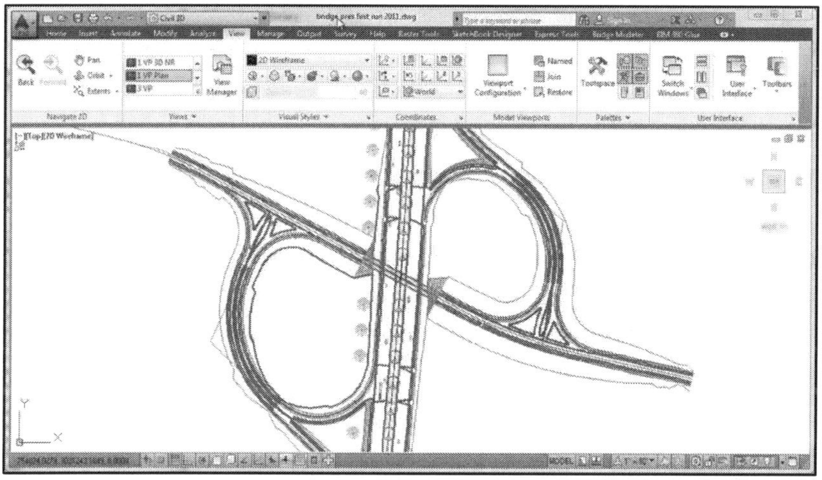

图 2.5　利用 BIM 设计优化与出图

2.2　BIM 软件

目前市场上创建 BIM 的软件多种多样，其中比较有代表性的有 Revit 系列、基于 Dassault 的 Digital Project(DP)、Bentley 系列和 ArchiCAD 系列等。在国内应用较广、知名度较高、性价比较好的是 Autodesk 公司的 Revit 系列软件，本书中 BIM 技术在交通行业的应用主要借助 Revit、Civil 3D、Navisworks、Infrasworks 等几种 BIM 软件实现，如表 2.1 所示。

表 2.1　国内外主流 BIM 软件及主要应用领域

序号	名称	开发商	主要应用领域
1	Revit 系列	Autodesk 公司	建筑、结构和机电工程
2	Bentley 系列	Bentley 公司	工厂设计(石油、化工、电力、医药等)和基础设施(道路、桥梁、市政、水利等)

续表

序号	名称	开发商	主要应用领域
3	CATIA 系列	Dassault 公司	航空、航天、汽车等领域
4	ArchiCAD 系列	Nemetschek 公司	建筑工程领域
5	4D 施工项目管理系列	清华大学	建筑工程领域
6	鲁班软件	上海鲁班软件有限公司	建筑工程领域

Autodesk 公司的 Navisworks 软件能够将 AutoCAD 和 Revit 系列软件等创建的设计数据与来自其他设计工具的几何图形和信息相结合，并且将其作为整体的三维项目，通过多种文件格式进行实时审阅，甚至无须考虑文件的大小。Navisworks、Infrasworks 软件产品可以帮助所有相关人员，将项目作为一个整体看待，从而优化设计决策、建筑实施、性能预测与规划以及设施管理与运营等各个环节。各种软件都有自身的优势，实现要求不尽相同，系统中模型数据格式有差异，因此从目前的情况看，不同软件间缺乏有效的联系，不能实现互通。

2.3　BIM 技术应用的基本理论

2.3.1　族的概念

在常用的 BIM 软件 Revit 中进行设计时，基本的图形单元称为图元，如在项目中建立的墙、门、窗、文字、尺寸标注等都称为图元，所有这些图元都是使用“族”(family)来创建的。“族”是 BIM 软件设计的基础，如图 2.6 所示。“族”中包含许多可以自由调节的参数，这些参数记录着图元在项目中的尺寸、材质、安装位置等信息[37]。修改这些参数可以改变图元的尺寸、位置等。

在 Revit 软件中，每一个族都有一个或多个类型，而每个类型都可以有多个实例。每一个图元都是类型下的具体实例。因此，图元具有实例和类型两种属性，修改实例属性仅影响选择的图元；而修改类型参数时，所有该类型的实例都将自动修改。

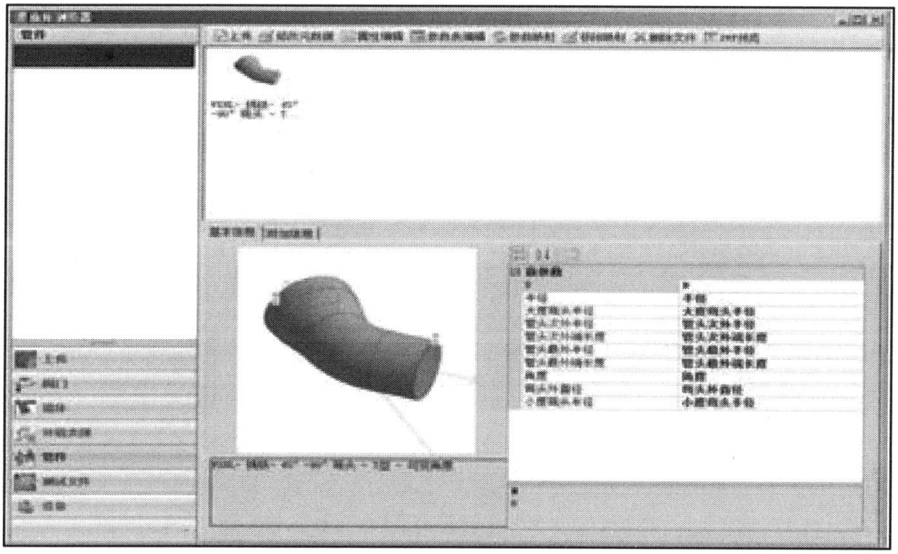

图 2.6　族库建设

2.3.2　参数化设计

参数化设计是 Revit 软件的一个重要特征，它分为参数化图元和参数化修改引擎两个部分。Revit 软件中的图元都是以“族”的形式出现的，这些构件是通过一系列参数定义的。参数保存了图元作为数字化建筑构件的所有信息。举例说明参数化的作用，当建筑师需要指定墙与门之间的距离为 200mm 的墙垛时，可以通过参数关系“锁定”门与墙的间隔。

参数化修改引擎允许用户任何部分的改动都可以自动修改其他相关联的部分，如在平面视图中修改了窗实例属性中的窗底高度，Revit 将自动修改与该窗相关联的剖面视图中窗底高度，并产生正确的图形。任一视图下发生的变更都能参数化设置和双向传播到所有视图，以保证所有视图图纸的一致性，不必逐一对所有视图进行修改，从而提高了工作效率和工作质量。参数化建模和出图如图 2.7 所示。

目前，Revit 软件可以帮助工程师创建更加协调、可靠的模型，增强团队间的协作，并可与流行的结构分析软件(如 PKPM、Etabs、Midas 等)双向关联。强大的参数化管理技术有助于协调模型和文档中的修改和更新。另外，可自动生成平、立、剖面图档，自动统计构件明细表，各图档间动态关联等所有特性。

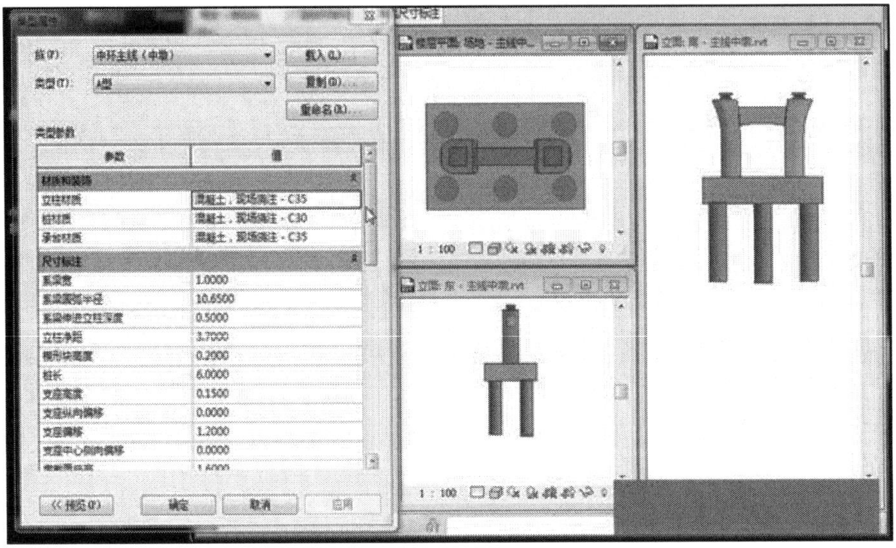

图 2.7　参数化建模和出图

2.3.3　信息存储与交互

信息的交互、共享和传递是 BIM 的核心[38]。那么，不同主体、各个专业间就应该对数据合理分类、设置标准，使数据的存储和传递能够全面而没有遗漏，且不依赖于任何平台。基于这个目的，国际协同工作联盟现已更名为 buildingSMART，为工程行业发布了产品数据表达标准，即 IFC 标准。作为 BIM 应用层面，确保做到选择的软件和平台要符合并支持 IFC 标准。

BIM 技术应用于桥梁工程建设应该以软件为媒介，加强信息数据的高效传输和利用[39,40]。从软件应用的角度出发，信息交互有四种基本方式，即双向直接调用交互方式、单向直接调用交互方式、“中间翻译”交互方式和“间接”交互方式。

在双向直接调用交互方式下，核心软件和专业软件既可以独立处理自身的数据，又可以智能地将修改或分析后的数据返回到源程序中，这种方式高效、直接、准确度高，需要的人工操作较少，是较为理想的交互方式。

在单向直接调用交互方式下，当核心软件完成基础数据的录入后，专业软件可以调用其数据进行分析处理，但无法向核心软件返回结果。

在“中间翻译”交互方式下，不同软件缺乏“直接”联系，必须依靠都能够识别和兼容的“中间文件”(如 dwg 格式)进行适当翻译，才能够实现交互，这种方式容易造成信息丢失和改变等。

在“间接”交互方式下，专业软件可以通过调用核心软件的数据实现分析和处理，但生成的数据无法直接返回核心软件，一部分数据可能需要专业软件实现储存、再处理、再分析，另一部分数据可能需要人工录入的方式返回到核心软件中。

2.4 项目实施流程

2.4.1 道桥工程主要应用点

BIM 技术如今已经广泛应用于建筑及基础设施行业，在设计、施工和运营阶段起着必不可缺的作用。其优点是，当建立完成一个完整的 BIM 时，可以通过这个 BIM 快速得到各专业所需的图纸、明细表和工程量清单等。当设计数据变更时，Revit 会自动更新所有与其关联的信息，做到“一处更改，处处更新”，从而确保设计数据的完整性和准确性[41]。在施工阶段，通过将 BIM 与实际现场进行对比，可以尽早地发现项目在施工现场当中出现的错、漏、碰和缺等设计失误，从而提高设计质量，减少现场的设计变更，以缩短工期。通常在进行工程项目设计时，会由建筑、结构和机电等多个专业设计人员共同完成。在与设计师绘制的二维 AutoCAD 图纸进行协同时，很难发现各专业之间潜在的设计问题，而 Revit 平台由于强大的协同设计能力，很容易发现在三维模型中的此类问题。

公路行业的不断发展及市场竞争的日益加剧，对公路工程施工也提出了新的、更高的要求，这时 BIM 技术在公路工程中的应用无疑为人们带来了诸多便捷：通过 BIM 技术在公路工程中的应用可实现基于 BIM 的宏观、中观和精细化管理相结合的多层次施工管理和可视化模拟[42]。但是，我们也要清醒地认识到，BIM 技术在交通工程的应用还有很大的局限性，Autodesk 主流软件的模板、插件等也都是以建筑、结构模型为主的各类族、模板，道桥工程应用均需自行逐一创建；另外，展示道桥工程局部施工工艺和细部做法对族的精细度要求也极高。

道桥工程建设中 BIM 技术应用的特点如下。

(1) 交通领域工程项目不同于工点式的单体建筑工程，呈带状分布，与沿线地质、水文、地形等空间地理信息密切相关，每一类别空间地理信息因素的异同都可能引起线形、桥位、桥型等设计方案的巨大反差。

(2) 信息来源较广、存储分散。工程项目的参与主体(业主、设计单位、施工单位、监理等)在工程的各个阶段(可行性研究、设计、招投标、施工、运营管理维护等)都会产生各自的数据文件。

(3) 类型繁杂。工程项目建设过程中，涉及业主、政府、设计方、施工方、材料供应商、环保部门、法务部门、管理部门等方面，不管是主体参与者还是附属参与者，都需要使用不同专业软件来辅助他们的工作，因而会产生大量数据和不同的数据格式。桥梁工程行业常用的数据格式有文档类、图片类、向量类以及三维交换格式等。

(4) 数据处理问题。由于数据是在工程建设的过程中不断生成的，工程建设周期越长，需要处理的数据量就越庞大。

综上所述可见,BIM 技术在道桥工程建设及管理中的主要应用点如表 2.2 所示。

表 2.2　主要应用点一览表

序号	应用点	描述
1	场地分析	通过 BIM 结合 3S 技术对场地及拟建的建筑物空间数据进行建模
2	方案策划及论证	借助 BIM 迅速识别设计和施工中可能需要应对的问题，提出解决方案并论证
3	可视化设计	基于 BIM 的交互性展示
4	协同设计	以 BIM 为中心，使分布在不同地理位置、不同专业的设计人员通过网络协同展开设计工作
5	性能分析	对包含几何信息、材料性能、构件属性等设计信息的虚拟建筑模型进行性能分析，并给出分析结果
6	工程量统计	可根据不同需求方便快捷地提供真实的工程量信息，并可减少人为的潜在错误
7	管线综合	通过合并各专业的BIM能够在虚拟的三维环境下方便地发现设计中的碰撞冲突
8	施工进度模拟	BIM 三维建筑模型与施工进度计划相结合，将空间信息与时间信息整合
9	施工组织模拟	通过 BIM 和仿真、虚拟现实等技术，对项目重难点部分进行可见性模拟
10	数字化施工	通过 BIM 与数字化建造系统的结合实现施工流程的自动化
11	物料跟踪	对物体进行定位、记录和管理
12	施工现场配合	方便项目各方人员沟通和协调工作，提高现场生产效率
13	竣工模型交付	便于运营管理，对未来可能进行的翻新、改造、扩建提供有价值的历史信息
14	资产管理	对资产位置进行定位，并方便获取资产相关量等信息
15	空间管理	BIM 具备极佳的空间展示性能，有利于合理分配建筑物空间及空间资源的最大化利用
16	灾害应急模拟	利用 BIM 和仿真、虚拟现实等技术模拟灾害发生的过程，有针对性地制定应急预案

2.4.2　项目实施的技术体系

BIM 的核心思想是利用各种先进技术革新生产方式，通过协同工作模式有效联系项目的各参与方，有效提升生产效率。要实现 BIM 的价值，不仅需要加大对 BIM 应用技术软件的开发、应用、数据交互，更重要的是统一 BIM 的应用操作、实施方法、流程，规范信息语义，使不同阶段、不同角色完成的工作成果能实现数据交流共享，形成一个完整的 BIM 体系。

基于 BIM 和云技术的桥梁工程全生命周期信息管理模型，包括网络层 Web、云技术层、数据层、模型层和应用层，如图 2.8 所示。

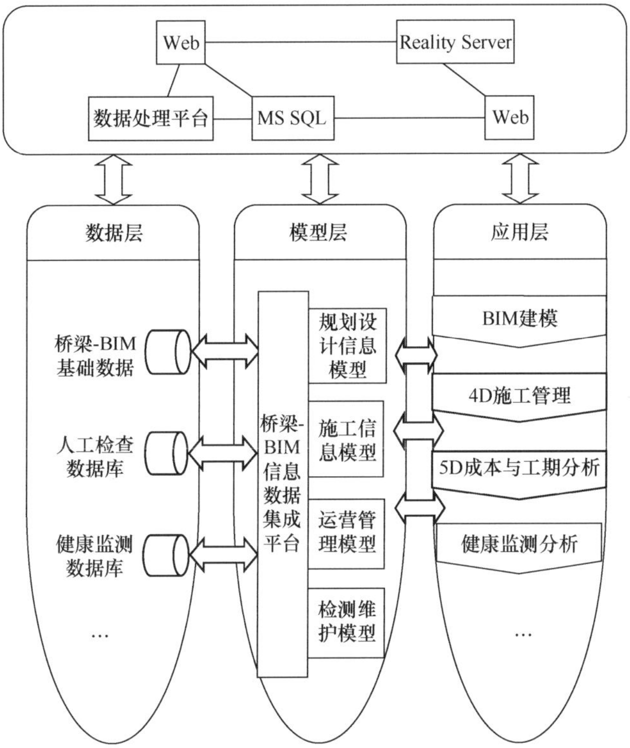

图 2.8　基于 BIM 的桥梁工程全生命周期信息管理模型

数据层主体是围绕桥梁基础数据和数据建立的一个庞大的数据库。桥梁工程的全生命过程历经规划、设计、施工和运营维护等多个阶段，其中庞大的数据需要通过平台进行规范的存储、调用、管理和交互。

模型层以数据层为基础，根据不同阶段、不同主体的应用需求，抽取提炼数据层中的相关信息，并翻译为软件系统能识别的信息，建立相关模型。例如，规划阶段主要提取的是业主需求、地形地貌等基础数据；设计阶段的模型主要涵盖尺寸、材料及 3D 建模等；施工信息需要在此基础上进行扩充，建立包含进度、资源、成本、质量等信息的模型。

应用层位于整个框架模型的顶层，主要是针对不同的需求，进行不同的 BIM 应用，如设计阶段的快速建模，施工阶段在此基础上进行 4D 建模，桥梁建成后运营管理团队在已有数据基础上进行管理和维护并建立长期的监测、安全评估和预警机制等。

另外，由于桥梁建设的整个生命周期涉及的主体繁多且广泛，生成的数据量庞大，需要一个云技术层进行数据保护、修复、管理、处理、反馈。例如，不同主体间的数据可以通过终端上传至云平台，也可随时从云平台中调取最新的数据；通过在云平台中植入分析软件等，可以实现结构的快速分析和快速响应。

需要强调的是，在整个信息框架模型中，数据层是基础，模型层是核心，应用层是发挥 BIM 技术优势的根本保证，而云技术层是高效信息交换、信息处理、连通其他层级的保障。网络层 Web 保证各层之间的有效沟通。只有充分理解这个层级的优势，才能发挥 BIM 技术的协同性、整体性、关联性的优势，实现其工程价值。

2.4.3　项目实施的规划流程

图 2.9 为 BIM 项目实施的总体规划流程，该流程包含定义 BIM 目标和应用、设计 BIM 实施流程、制定信息交换要求和确定支持 BIM 计划的其他措施四个部分。在项目开始前，需要以支持软件及标准数据模型为基础，定义不同参与方、不同专业之间的信息交换内容和标准。

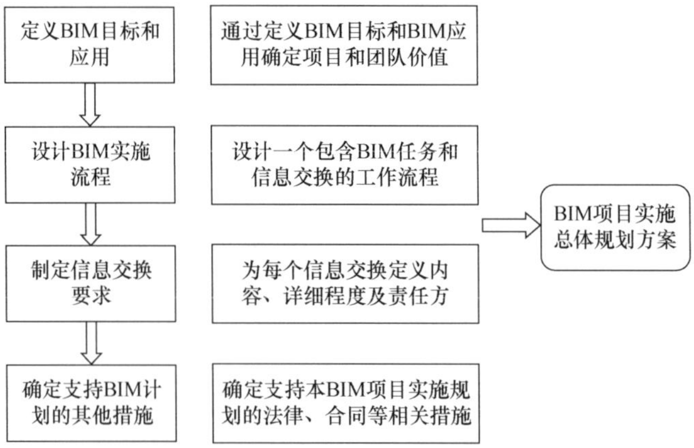

图 2.9　BIM 项目实施的总体规划流程

第 3 章　BIM 与虚拟现实技术的结合

3.1　概　　念

虚拟现实(virtual reality, VR)是近年来出现的高新技术。虚拟现实是一项综合集成技术，涉及计算机图形学、人机交互技术、传感技术、人工智能等领域，它用计算机生成逼真的三维视觉、听觉、嗅觉等感觉，使人作为参与者，通过适当装置自然地对虚拟世界进行体验和交互作用。概括地说，虚拟现实是人们通过计算机对复杂数据进行可视化操作与交互的一种全新方式，与传统的人机界面和流行的视窗操作相比，虚拟现实在技术思想上有了质的飞跃。

这里提到的模拟环境其实就是铁路 BIM 与现实勘察数据的结合[43,44]，自然交互是指用日常使用的方式对环境内的物体进行操作并得到实时立体反馈。虚拟现实系统，给人身临其境的感觉，人们能以自然的方式与计算机生成的环境进行交互操作，体验比现实世界更加丰富的感受，如图 3.1 和图 3.2 所示。

图 3.1　基于地形的高程分析模型

图 3.2　基于 GIS 技术的 BIM

在进行铁路工程建设时，勘察人员通过现场各种传感器及数字化勘察方法采集数据，并生成地表模型、地层岩性、地质构造、不良地质类型、地下水位分布等的 BIM[45]。这些 BIM 可以为后续工作的开展提供丰富的数据资料和虚拟现实感受，将提高设计和施工的精准度，促进不同工作的协同，提高沟通效率并降低安全风险。例如，根据该 BIM 进行选线工作，将变得非常逼真和有趣。我们可以顺着某条备选线路进行浏览或俯瞰，该线路的属性将随着周围的环境通过可视化的方式呈现，就好像线路已经建成一样。在了解该线路相关信息的同时，可以直观地感受我们关心的选线要素，如离城市有多远、线路走向等，这种可视化的方法，将使工作变得轻松和准确。

3.2　虚拟现实的关键特征

1. 沉浸感

沉浸感(immersion)又称临场感，指用户感到作为主角存在于模拟环境中的真实程度。理想的模拟环境应该使用户难以分辨真假，使用户全身心地投入到计算机创建的三维虚拟环境中，达到的最高境界就是环境中的一切看上去是真的，听上去是真的，动起来是真的，甚至闻起来等一切感觉都是真的，如同在现实世界中的感觉一样，如图 3.3 所示。

2. 交互性

交互性(interactivity)指用户对模拟环境内物体的可操作程度和从环境中得到反馈的自然程度(包括实时性)。例如，用户可以用手直接抓取模拟环境

图 3.3　虚拟驾驶技术应用

中虚拟的物体，这时手有握着东西的感觉，并可以感觉物体的重量，视野中被抓的物体也能立刻随着手的移动而移动。

3. 构想性

构想性(imagination)强调虚拟现实技术应具有广阔的可想象空间，可拓宽人类认知范围，不仅可再现真实存在的环境，也可以随意构想客观不存在的，甚至是不可能发生的环境。

3.3　虚拟现实的分类

虚拟现实技术是通过一些特殊的外部设备实现的[46]。虚拟现实技术可分为以下几种。

(1) 被动式虚拟现实：在三维环境中为用户提供一个封闭的过程，行进路程和观察对象由软件严格、独立地控制，用户除了退出会话外，没有其他控制权。

(2) 查询式虚拟现实：通过三维环境时，为用户指出地形图，参与者可以选择路程和观察环境，但无其他的用户与三维场景的交互。

(3) 交互式虚拟现实：提供一个通过三维环境时用户选择的行程，以及三维环境中虚拟实体随用户行为而反应并作用于行为的参与者。

3.4　虚拟现实的发展现状

虚拟现实建模语言(virtual reality modeling language, VRML)是一种用于建立真实世界的场景模型或人们虚构的三维世界的场景建模语言，具有平台无关性。从 1994 年 VRML 规范问世到 2000 年实现 VRML，再到 X3D 的转换，虚拟技术有了很大的发展。X3D 是一种专为 Web 而设计的三维图像标记语言，全称为可扩展三维(语言)，是由 Web3D 联盟设计的，是 VRML 标准的最新升级版本。X3D 整合了正在发展的 XML 和 Java 等先进技术，实现了参数化和可视化计算。许多大型的图形图像处理软件，如 3D Studio Max、Director 中，都集成了基本的虚拟技术。目前，在国内外出现的一些专业开发虚拟现实制作软件的公司及虚拟软件已经相当成熟和完善，极大地推进了虚拟技术的发展、普及与应用。

近年来，随着计算机软硬件技术的发展，虚拟技术在各行各业都得到了不同程度的发展，并且越来越显示出广阔的应用前景。国内在虚拟现实软件领域有比较长足的发展，推出的软件有 VRP-SDK、Converse 3D 等，特别是 VRP-SDK 软件包为客户提供了虚拟现实平台(virtual reality platform，VRP)的内核接口，更方便对其进行开发。

3.5　VRML 的特点

VRML 空间不仅仅是场景的建立，还应该包括环境中各个对象属性与行为的定义，甚至可将对象的表情、动作等反映出来，新的技术正不断完善它的功能。

VRML 的优点如下：

(1) 平台无关性。VRML 建立在三维虚拟实验场景的优势在于其可以非常方便地生成三维几何实体，也具有平台无关性的特点。

(2) C/S 的工作模式。VRML 的访问方式是基于客户/服务器模式的。其中，服务器提供 VRML 文件所支持的资源(图像、视频、声音等)，客户端通过网络下载希望访问的文件，并通过本地平台上的 VRML 浏览器交互式地访问该文件的虚拟境界。

(3) 实时 3D 图形渲染。实时 3D 着色引擎在 VRML 中得到了更好的体现。

这一特性使 VRML 建模和实时访问更明确地隔离开，VRML 不同于其他 3D 建模动画，它具有交互性。

(4) 网络传输容易。VRML 适合于计算机网络的传输，并不要求有很高的网络传输带宽,而且图形生成的工作放在要求不高的客户机上。由于 VRML 可以在低带宽异构网络环境中实时进行三维信息的远程传输和远程指令的接收，而且对三维图形生成的计算机性能要求不高，所以用它来构筑分布式虚拟环境具有低代价集约化的特点。

(5) VRML 具有可伸缩性。首先，对 VRML 浏览器来说，从理论上讲，应能处理由数亿个对象组成的分布在网络上的境界；其次，VRML 境界可以相对于网络性能而伸缩，可用于不同类型的网络连接中。

3.6　虚拟可视化流程

Lumion 软件是一个实时的 3D 可视化工具,常用来制作电影和静帧作品，涉及的领域包括建筑、规划和设计，也可以传递现场演示。Lumion 的强大就在于能够提供优秀的图像，并且可以快速高效地和工作流程结合在一起，节省了时间、精力和金钱。

人们能够直接在自己的计算机上创建虚拟现实。通过渲染，虚拟技术生成的影像比以前更快，Lumion 大幅降低了影像的制作时间，视频演示了制作者可以在短短几秒内就创造惊人的建筑可视化效果。

例如，某工程桥梁项目的 BIM 采用 Lumion 软件进行可视化效果展示，得到了非常好的可视化展示效果，如图 3.4 所示。基于 BIM 技术用于桥梁和公路项目的可视化展示，也是本项目的特点之一。

图 3.4　项目可视化效果展示

采用 Lumion 进行可视化效果的主要流程简述如下：①选择场景；②插入路桥；③导入格式；④创建地形；⑤根据谷歌地图，模拟绘制河流；⑥调节天气；⑦添加环境，如树木、房子、车等；⑧渲染材质；⑨渲染图片；⑩制作动画。

通过 Lumion 平台处理后的模型就可以制作成用于可视化交底和交流的动画，可以用于直接执行动画演示，并用于指导施工。

第 4 章　BIM 技术在道桥工程中的全生命周期应用

4.1　设 计 阶 段

4.1.1　精细化建模

BIM 的精细化程度是通过模型深度 LOD(level of development)来确定的。模型的细致程度(level of details)，描述了一个 BIM 构件单元从最低级的近似概念化的程度发展到最高级的演示级精度的步骤。

美国建筑师协会(American Institute of Architects，AIA)为了规范 BIM 参与各方及项目各阶段的界限，在其 2008 年的文档 E202 中对 LOD 进行了定义。这些定义可以根据模型的具体用途进行进一步的发展。LOD 在 BIM 中有两种途径：确定模型阶段输出结果(phase outcomes)和分配建模任务(task assignments)。

随着设计的进行，不同的模型构件单元会以不同的速度从一个 LOD 等级提升到下一个。在传统的项目设计中，大多数的构件单元在施工图设计阶段完成时需要达到 LOD 300，同时在施工阶段中的深化施工图设计阶段，大多数构件单元会达到 LOD 400。但是有一些单元，如一面墙的表面做法，永远不会超过 LOD 100，即表面涂层实际上是不需要建模的，它的造价以及其他属性都依赖于相应的墙体。

在三维表现之外，一个 BIM 构件单元包含大量的信息，这些信息可能是多方提供的。LOD 定义为 5 个等级，从概念设计到竣工设计，已经足够定义整个模型过程。为了给未来可能会插入等级预留空间，可将 LOD 定义为 100～500。

(1) LOD 100：概念设计，此阶段的模型包含建筑体积、建筑朝向、每平方造价等。

(2) LOD 200：方案设计或扩大初步设计，此阶段的模型包含普遍性系统，如大致的数量、大小、形状、位置及方向。

(3) LOD 300：施工图及深化施工图，模型单元等同于传统施工图和深化施工图层次。此模型已经能很好地用于成本估算及施工协调，包括碰撞检查、施工进度计划和可视化。另外，还包括业主在 BIM 提交标准里规定的构件属性和参数等信息。

(4) LOD 400：加工图，此阶段的模型可以用于模型单元的加工和安装。此模型更多地被专门的承包商和制造商用于加工、制造项目的构件。

(5) LOD 500：竣工图，最终阶段的模型表现项目竣工的情形。模型将作为中心数据库整合到建筑运营和维护系统中，包含完整的构件参数和属性。

在 BIM 实际应用中，首要任务就是根据项目的不同阶段以及项目的具体目的确定 LOD 的等级，根据不同等级所概括的模型精度要求确定建模精度[40]。可以说，LOD 做到了让 BIM 应用有据可循。在实际应用中，根据项目具体目的的不同，LOD 不用生搬硬套，适当的调整也是可以的。按照现阶段应用需求，BIM 在施工图设计阶段的应用、设计细致程度按照 LOD 400 的标准即可满足相关要求。

为了实现让 BIM 技术在道桥工程领域的综合应用，针对某工程项目，按照上述要求进行了尝试。该项目为老路加宽工程，如图 4.1 和图 4.2 所示。既有桥址右侧增加分离式桥梁一座，桥梁两端为路基。既有桥建于 20 世纪 70 年代，桥长为 137.7m，处于直线地段，共 8 跨，简支结构，每跨跨度为 15.2m，每跨由 15 片组合板梁组成，桥面宽度为 9.76m，圆端形实心墩(当地的一种习惯，已建或在建的桥墩多采用这种形式)，桩基础为预制打入方桩。

图 4.1　既有桥

图 4.2　既有道路

该桥跨越河流，桥位处常年有水，无通航要求，雨季时主要把上游山间河谷汇集的雨水排到大西洋，每天随着海水的涨落潮会出现有规律的海水倒灌现象；经现场调查和测量，既有桥建设时有明显的挤压河道现象。

在改扩建设计中，结合桥位处地形条件和减少施工期间对交通的影响，确定在既有桥梁的上游紧贴既有桥梁处采取分离式桥梁进行横向加宽，满足双向四车道和人员通行的要求；由于当地水泥不能满足高标号混凝土的要求，建设方要求梁部采用非预应力形式，桥跨孔径受到了限制，经综合考虑决定按照既有桥梁跨度对孔、等跨设计，纵向大小里程方向各增加一跨，采用钢筋混凝土板梁，新建桥长为 164.54m；高程控制以既有桥梁为基准，根据线形、横坡以及各结构层尺寸确定新建分离式桥梁的控制标高；同时，考虑到海水倒灌现象，对基础及墩身部分混凝土耐久性方面提出了具体要求，以防海水侵蚀。

BIM 技术有着诸多优越性，将其应用于工程项目的设计、施工阶段，不仅能很好地解决工程实际问题，提高设计的效率和质量，避免后期施工中遇到的问题，减少变更及返工，节约工程资金，保障施工周期，还将有助于实现工程的创新性和先进性。图 4.3 和图 4.4 为按照 LOD 400 的标准对某公路项目中的桥梁和两段路基进行的精细化三维建模，利用 Civil 3D 构建了沿线周边环境模型，BIM 所呈现的地形地貌、植被、房屋建筑等周边环境即实测信息。

图 4.3　道路 BIM

图 4.4　桥梁 BIM

图 4.5 和图 4.6 为传统方法进行设计时的二维图纸效果，对比效果一目了然。

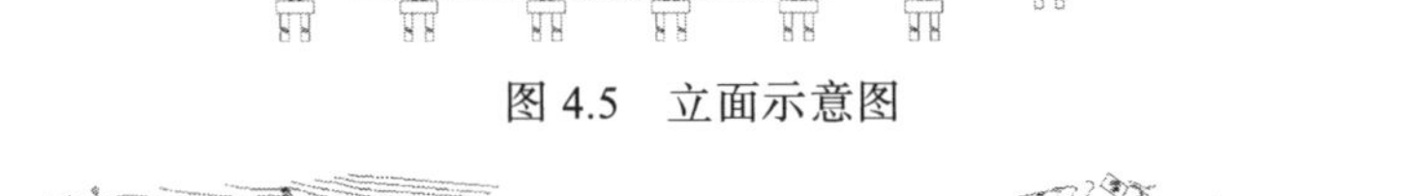

图 4.5　立面示意图

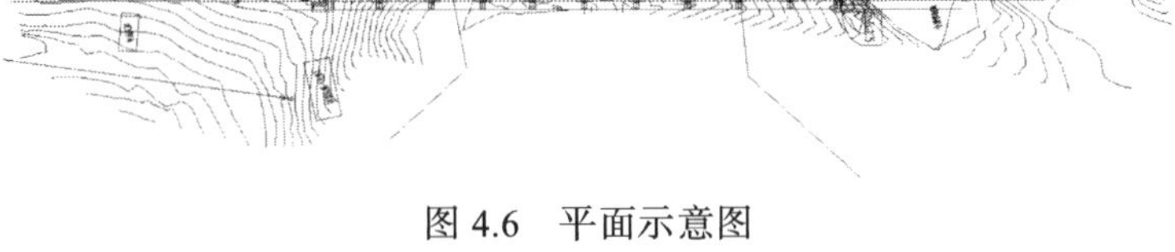

图 4.6　平面示意图

4.1.2　参数化建模

关于参数化建模，一般的 CAD 系统，确定图形元素尺寸和定位的是坐标，这不是参数化；为了提高绘图效率，在上述功能基础上可以定义规则自动生成一些图形，如复制、阵列、垂直、平行等，这也不是参数化。道理很简单，这样生成的两条垂直的线，其关系是不会被系统自动维护的，用户编辑其中的一条线，另外一条线不会随之变化；在 CAD 系统基础上，开发对于特殊工程项目(如水池)的参数化自动设计应用程序，用户只要输入几个参数(如直径、高度等)，程序就可以自动生成这个项目的所有施工图、材料表等，但这还不是参数化，原因有以下两点。

(1) 这个过程是单向的，生成的图形和表格未完全智能化(这时如果修改某个图形，其他相关的图形和表格不会自动更新)。

(2) 这种程序对能处理的项目限制极其严格，也就是说，嵌入其中的专业知识极其有限。

为了使通用的 CAD 系统更好地服务于某个行业或专业，定义和开发面向对象的图形实体(称为“智能对象”)，在实体中存放非几何的专业信息(如桥墩厚度、桥墩高度、桥墩的混凝土等级等)，这些专业信息可用于后续的统计分析报表等工作，但这仍不是参数化，主要是因为用户自己不能定义对象(如某一种新的桥墩)，这个工作必须通过应用程序接口(application programming interface, API)编程才能实现；同时，用户不能定义对象之间的关系(如把两个对象组装起来变成一个新的对象)。

非几何信息附着在图形实体(智能对象)上，几何信息和非几何信息本质上是分离的，因此需要专门的工作或工具检查几何信息和非几何信息的一致性和同步性，当模型大到一定程度以后，这个工作实际上变得不可能完成[47]。

而对于参数化的建模则不同，参数化建模时图形由坐标确定，这些坐标可以通过若干参数确定。例如，要确定一个标准梁的位置，可以简单地输入混凝土梁的定位坐标，也可以通过几个参数定位，处理时可以定义在某两个桥墩的中间，设定梁高度 1500mm、T 型等参数，这样这个梁在这个项目的生命周期中就和这两边的桥墩发生了永恒的关系，除非被重新定义。而系统则会把这种永恒的关系记录下来。参数化建模是用专业知识和规则确定几何参数和约束的一套建模方法，而不是几何规则，用几何规则确定的是一种图形生成方法。例如，两个形体相交得到一个新的形体等是应用几何规则。

可见，参数化建模具有以下特点。

(1) 参数化对象是有专业性或行业性的，如桩、承台、盖梁等，而不是纯粹的几何图元。因此，基于几何元素的 CAD 系统可以为所有行业所用，而参数化系统只能为某个专业或行业所用。

(2) 这些参数化对象(在这里就是桥梁中的对象)的参数是由行业知识(domain knowledge)驱动的，如门窗必须放在墙里面、钢筋必须放在混凝土里面、梁必须要有支撑等。

(3) 行业知识表现为建筑对象的行为，即建筑对象对内部或外部刺激的反应，如层高变化楼梯的踏步数量自动变化等。

(4) 参数化对象对行业知识广度和深度的反应模仿能力决定了参数化对象的智能化程度，也就是参数化建模系统的参数化程度。

而从微观层面来看，参数化模型系统应具备下列特点。

(1) 可以通过用户界面(而不是像传统 CAD 系统那样必须通过 API)创建形体，以及对几何对象定义和附加参数关系与约束，创建的形体可以通过改变用户定义的参数值和参数关系进行处理。

(2) 用户可以在系统中对不同的参数化对象之间施加约束。

(3) 对象中的参数是显式的，这样某个对象中的一个参数可以用来推导其他空间上相关的对象参数。

(4) 施加的约束能够被系统自动维护(例如，两根钢筋相干扰，就会出现错误提示)。

(5) 应该是三维实体模型。

(6) 应该是同时基于对象和特征的。

BIM 是一个创建和管理建筑信息的过程，而这些信息是可以互用和重复使用的。BIM 系统应该具有以下几个特点。

(1) 基于对象的。

(2) 使用三维实体几何造型。

(3) 具有基于专业知识的规则和程序。

(4) 使用一个集成和中央的数据仓库。

从理论上说，BIM 和参数化并没有必然联系，不用参数化建模也可以实现 BIM，但从系统实现的复杂性、操作的易用性、处理速度的可行性、软硬件技术的支持性等几个角度综合考虑，就目前的技术水平和能力来看，参数化建模是 BIM 得以真正成为生产力的不可或缺的基础。道桥工程的参数化建模如下。

(1) 道路建模。利用 BIM 技术可以更高效地设计道路，建立公路工程模型，如创建动态更新的交互式平面交叉路口模型。同时可以利用内置的部件(包括行车道、人行道、沟渠和复杂的车道组件)，根据常用设计规范更迅速地设计相关内容，包括交通标志和路面标线等。或者根据设计标准创建自己的部件。通过直观的交互或变更用于定义道路横截面的输入参数即可轻松修改整个道路模型。

(2) 桥梁建模。桥梁建筑信息模型(bridge information modeling，BRIM)是以特征设计技术为基础创建的协调的、内部一致的、包含全桥工程信息的数据模型。桥梁信息模型特点如下。

① 模型反映了全桥构造特征，是全桥信息的集成。

② 模型与一般构造是关联的，采用统一的数据类型，便于关联设计。

③ 模型是可变更的，以利于反复的设计和修改。

基于 BIM 的桥梁设计系统结构简图如图 4.7 所示。

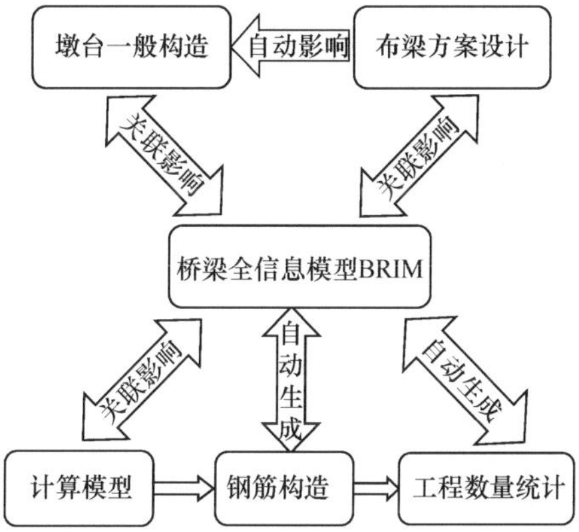

图 4.7　基于 BIM 的桥梁设计系统结构简图

1. 桥梁建模步骤和流程说明

桥梁建模过程如下。

1) 新建一个项目

依次单击“新建→项目”，在出现的对话框里选择样板文件，选择项目，单击“确定”完成项目的新建。

2) 绘制标高

标高主要用来确定建筑本身在高度方向的信息，桥梁建筑设置高程+0.000 点为标高 1，根据各构件实际标高确定其高程位置。

3) 绘制网轴

在标高 1 上以新桥中心线和各跨墩顶中心线所在位置绘制网轴，控制梁、桥台、墩身、盖梁、人行道、桥面铺装及栏杆的位置。

4) 放置族元件

首先，在族模板中分别建立边(中)板梁、槽钢、混凝土面板、老桥板梁、沥青路面层、连接段路面、排污口、排污栅格、桥面板轮廓、人行道板、人行道路面、人行道纵梁、路缘石、承台、垫层、墩身、新老桥盖梁、左右桥台及桩基的族元件。然后，将这些族元件逐一加载入桥梁项目文件，并确定其坐标位置，将其摆放到位。组合成的桥梁整体模型如图 4.8 所示。

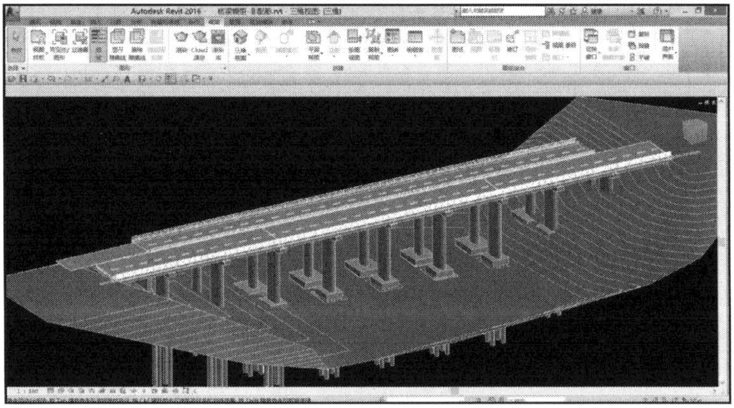

图 4.8　桥梁整体模型

5) 创建平立面视图

在项目浏览器中可直接显示桥梁的平面图及东、西、南、北立面图，生成的平立面图如图 4.9 所示，在平立面图上可以增加标注信息，准确表示各构件间几何位置关系。

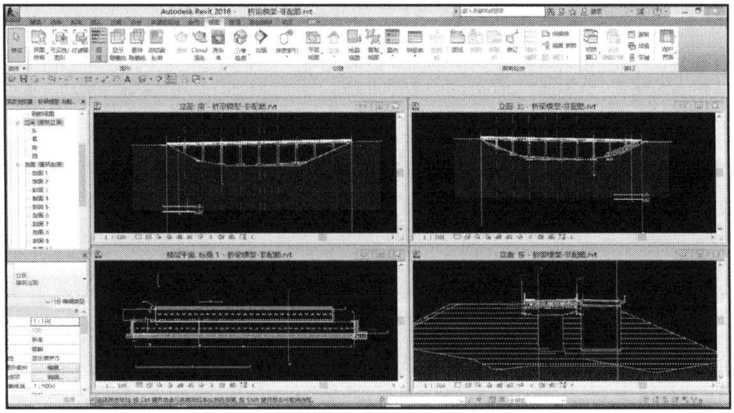

图 4.9　建立平立面图

6) 创建剖面视图

在平立面图上，可利用三维剖切功能提取构件的剖面图，获取局部信息。

7) 标注

模型处理完之后，即可进行标注。Revit Architecture 软件中的标注主要有尺寸标注、白标高(高程)标注、文字及其他符号标注等，这里主要介绍尺寸标注的方法。

(1) 单击“注释”选项卡中“尺寸标注”面板下的“对齐”工具。

(2) 依次单击需要标注的位置，再单击空白位置放置标注尺寸完成所有标注。

8) 生成详图

使用 Revit Architecture 软件提供的“详图索引”工具，即可完成详图的绘制，还可以导入 AutoCAD 中绘制的详图文件作为大样详图的补充。

9) 创建渲染透视图

使用相机工具可以为项目创建任意视图，在进行渲染之前根据表现需要添加相机，以得到不同的视点。

打开一层平面视图，单击“视图”选项卡“创建”面板“三维视图”下拉列表中的“相机”工具，在视图区域单击视点，从而拉出相机，再单击鼠标生成三维透视图。在左侧视图属性栏的“视点高度”和“目标高度”中输入 1750，即相机的高度为 1750，接近人视高度，视图更加真实。

相机三角形包围的区域就是可视范围，其中三角形的底边表示远端的视距，如果取消勾选“远裁剪激活”，则视距变为无穷远，将不再与三角形底边距离相关。同时，在透视图中显示视图范围的裁剪框，选中并拖动视图范围框的四个控制点就可以调整视图范围。

单击“视图”选项卡“图形”面板中的“渲染”工具，弹出渲染对话框，依次按需要调整“质量设置”、“输出设置”、“照明”和“背景”，单击左上角渲染按钮，即可得到渲染图像，单击渲染设置中的“图像”设置，可选择将图片保存到项目中或导出。

10) 统计明细表

图 4.10 给出了一个中梁的工程量表，数据信息比较完备，可用于统计工程量及造价的计算。

<钢筋工程量表>

A	B	C	D	E	F	G	H
钢筋编号	类型	钢筋直径	钢筋长度	数量	钢筋体积	合计	（单量）造价
4	14 HRB335	14 mm	15110 mm	1	2326.00 cm^3	15	91.30
6	10 HRB335	10 mm	2142 mm			6	
7	10 HRB335	10 mm	15110 mm	1	1186.74 cm^3	16	46.58
8	10 HRB335	10 mm	1242 mm	40	3902.26 cm^3	3	153.16
9	14 HPB300	14 mm	15110 mm	1	2326.00 cm^3	18	91.30
10	12 HPB300	12 mm	1082 mm	40	4894.42 cm^3	3	192.11
18	10 HRB335	10 mm	474 mm	40	1489.26 cm^3	6	58.45
23	12 HRB400	12 mm	446 mm	31	1565.30 cm^3	1	61.44
25	12 HRB400	12 mm	1687 mm	1	190.82 cm^3	16	7.49
26	10 HRB335	10 mm	1348 mm	40	4234.27 cm^3	3	166.20
27	10 HRB335	10 mm	2200 mm	1	172.79 cm^3	24	6.78
28	12 HRB335	12 mm	1308 mm	1	147.99 cm^3	74	5.81
29	12 HRB335	12 mm	1321 mm	1	149.42 cm^3	2	5.86
30	10 HRB335	10 mm	1210 mm	1	95.05 cm^3	38	3.73
31	10 HRB335	10 mm	1210 mm	1	95.05 cm^3	38	3.73
32	12 HRB400	12 mm	437 mm	31	1533.43 cm^3	1	60.19

图 4.10　自动生成的钢筋工程量表

可以根据需要定义任意形式的明细表，在“视图”选项卡的“创建”面板中单击“明细表”工具下拉按钮，在弹出的列表中选择“明细表/数量”工具，弹出“新建明细表”对话框。

在“明细表属性”对话框的“字段”选项卡中，“可用字段”列表中显示对象类别中所有可以在明细表中显示的实例参数和类型参数。依次在列表中选择需要的参数，单击“添加”按钮，将这些参数添加到右侧的“明细表字段”列表中。选择参数，单击“上移”或“下移”按钮，可调节参数在明细表中显示的顺序。

添加特殊计算参数，打开“明细表属性”对话框，切换至“字段”选项卡，单击“计算值”按钮，弹出“计算值”对话框。例如，输入字段名称为“洞口面积”，设置字段类型为“面积”，输入公式为“宽度*高度”，以及其他参数，完成后单击“确定”按钮并返回明细表视图。

在 Revit Architecture 软件中，“明细表/数量”工具生成的明细表与项目模型相互关联，明细表视图中显示的信息源自 BIM 数据库。可以利用明细表视图修改项目中的模型图元的参数信息，以提高修改大量具有相同参数值的图元属性时的效率。

11) 创建图纸

在项目浏览器中右键单击“图纸(图纸前缀)”选择“新建图纸”，弹出“新建图纸”对话框，选择图框类型“建筑 A3 横向”→“新建”。修改图框格式，在工具栏中找到“导入 CAD”导入“TK 底图”。在新生成的图纸空间绘制符合要求的 TK，将所需视图从项目浏览器中拖至图框中，进行合理的布置，即完成图纸的创建。图 4.11 为中板梁钢筋配筋图。

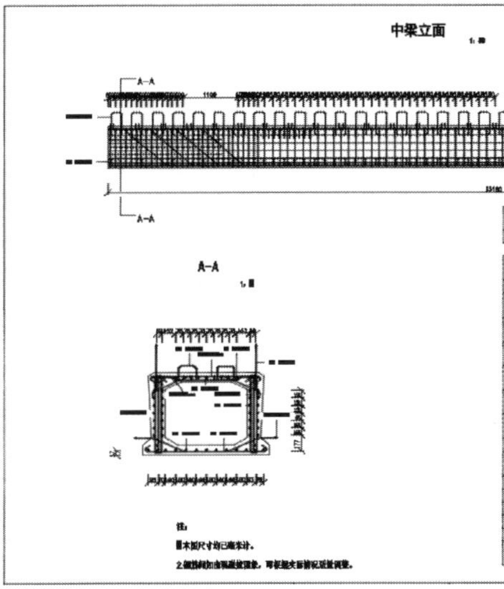

钢筋工程量表

钢筋编号	类型	钢筋直径	钢筋长度	数量	钢筋体积	合计	（单量）造价
4	14 HRB335	14 mm	15110 mm	1	2326.00 cm³	15	91.30
6	10 HRB335	10 mm	2142 mm			6	
7	10 HRB335	10 mm	15110 mm	1	1186.74 cm³	16	46.58
8	10 HRB335	10 mm	1242 mm	40	3902.26 cm³	3	153.16
9	14 HPB300	14 mm	15110 mm	1	2326.00 cm³	18	91.30
10	12 HPB300	12 mm	1082 mm	40	4894.42 cm³	3	192.11
18	10 HRB335	10 mm	474 mm	40	1489.26 cm³	6	58.45
23	12 HRB400	12 mm	446 mm	31	1565.30 cm³	1	61.44
25	12 HRB400	12 mm	1687 mm	1	190.82 cm³	16	7.49
26	10 HRB335	10 mm	1348 mm	40	4234.27 cm³	3	166.20
27	10 HRB335	10 mm	2200 mm	1	172.79 cm³	24	6.78
28	12 HRB335	12 mm	1308 mm	1	147.99 cm³	74	5.81
29	12 HRB335	12 mm	1321 mm	1	149.42 cm³	2	5.86
30	10 HRB335	10 mm	1210 mm	1	95.05 cm³	38	3.73
31	10 HRB335	10 mm	1210 mm	1	95.05 cm³	38	3.73
32	12 HRB400	12 mm	437 mm	31	1533.43 cm³	1	60.19

图 4.11　中板梁钢筋配筋图

Revit Architecture 软件中的构件大部分是以族文件的形式出现的，包括门、窗、柱子、梁、基础甚至是剖面符号。Revit Architecture 软件自带一些基本的族文件，这些族文件只能满足一些比较简单的项目需求，如果需要一些特殊的族文件，可以通过购买、相关网站下载或是自建族文件的方式获得。

自建族文件分为族样板创建和内部创建两种形式。

(1) 族样板创建。Revit Architecture 软件中的族样板还是比较丰富的，使用族样板创建的族文件的最大特点就是可以循环使用。可以在族的类型属性中添加族的一些参数。创建完族文件可通过项目文件中“插入”选项里的“载入族”命令从库中载入添加到项目中。

(2) 内部创建。内部创建简称“内建”，内建族文件是在项目本身中添加的族，通过项目文件“构件”命令中的“内建模型”创建。内建族和族样板创建族的操作界面命令是一样的，也是可以添加参数，但是只能有一个族类型，而族样板创建的族可以添加多个族类型，因此内建族适用于项目本身中简单或是不需要添加复杂参数的族。内建族只能在一个项目文件中适用，不能导出成为族文件。

某项目建模完成的族原件如图 4.12 和图 4.13 所示。

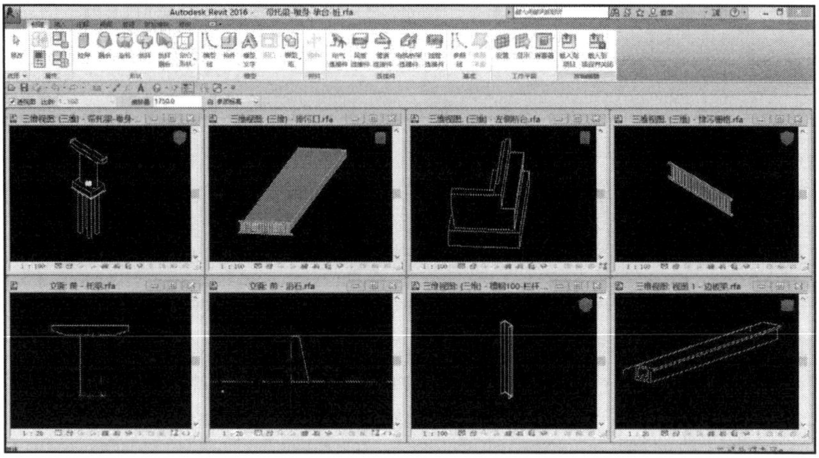

图 4.12　桥梁内建族

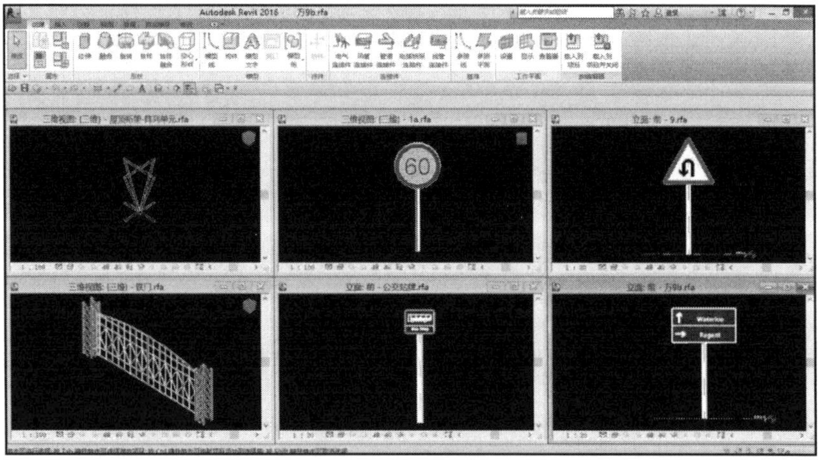

图 4.13　道路内建族

将创建完成的盖梁、垫石、桩和承台载入到同一个族中，使用拉伸命令创建墩身，再将所有构件拼接在一起。注意，要想桥墩的参数可变，需要先创建辅助线，将其锁定后再添加尺寸参数。

梁的创建方法和桥梁下部结构的创建方法是一样的，同样使用拉伸和空心拉伸两个命令。如果梁是斜的，最好在创建族的同时将其旋转。

关于结构中钢筋的配置，Revit Architecture 中自带的 53 种钢筋形状属于基础形。配筋有两种方法：一种是使用 Revit Architecture 自带的钢筋形状；另一种是手动绘制钢筋。配筋最基础的要求是，首先构件的类别需要是结构的族类别，其次最佳的配筋面首选剖面或截面。表 4.1 为项目中梁边板钢筋配置。

表 4.1　梁边板钢筋配置

钢筋编号	直径/mm	长度/mm	数量	总长度/m
钢筋 1-28	28	15120	16	242
钢筋 2-12	12	15120	17	257
钢筋 3-10	10	1180	121	143
钢筋 4-12	12	1590	121	236
钢筋 5-10	10	1490	121	180
钢筋 6-10	10	15120	19	287
钢筋 7-10	10	2270	28	64
钢筋 8-10	10	210	121	25
钢筋 8A-10	10	290	121	35
钢筋 9-12	12	1330	38	51
钢筋 10-12	12	510	62	32
钢筋 11-10	10	1440	38	55
钢筋 12-10	10	2010	121	243
钢筋 12A-10	10	2170	121	263
钢筋 13-10	10	570	242	138

把已创建的桥墩、桥台和梁全部载入到一个新的项目文件中，然后在项目文件中添加桥面，桥面的创建方法和桥台的创建方法是一样的，同样是使用“放样融合”命令完成的，结果如图 4.14 和图 4.15 所示。最后合并成桥。

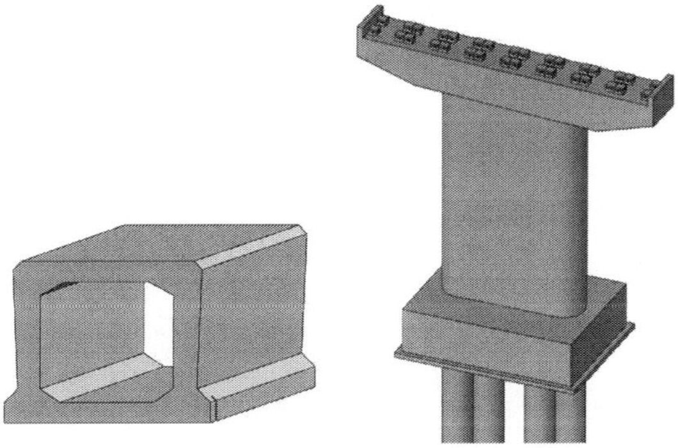

图 4.14　梁体节段及桥墩结构模型

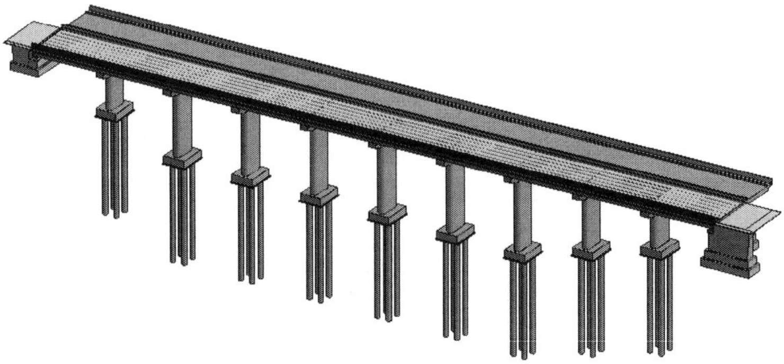

图 4.15　桥梁整体模型

2. 公路建模步骤和流程说明

道路部分的 BIM，根据道路模型和数据结构的特点，采用 Power Civil 软件平台建立。Power Civil 软件提供了测量、图形坐标几何(graphical coordinate geometry)、数值地形模型(digital terrain modeling)、边坡设计(site grading and design)、区域重划(subdivision planning and layout)、给水分派(water distribution)、污水收集(sewage collection)、雨水排放(storm drainage)与街道设计(street design)等。此外，该软件可以提供土木工程师在工作流程中所需的广泛设计功能，以及关联式模型功能(当局部地形变更时，其余相关地形会配合自动更新)。通过此功能可以快速而动态地展现设计场址的阶段开发情景，因此设计的变更情况得以在同事、承包商与业主间进行具体而快速的讨论研究。

公路部分建模采用 Power Civil 软件，建模步骤和流程说明如下。

(1) 新建项目。重点注意用户、项目及界面。

(2) 创建地形。创建地形有从 ASCII 文件创建、按图形过滤器创建、从点云创建、从元素创建等几种形式。Power Civil 软件以二维 CAD 为基础，提取等高线和高程点，通过控制三角网最大长度达到精细化建模。例如，先在外业 1∶2000 地形图上测绘带宽为线路中心线两侧各 200m 的区域带，再在此基础上结合 Google Earth 卫星图像数据对地形带宽进行了扩展，如图 4.16 所示。

(3) 创建横断面。开始任何项目前，均需要一定类型的现有数据，可以是之前项目的 CAD 文件、测量信息，甚至是历史文件计划。另外，可以混合比较项目中可用的数据类型，如果没有数据，也可以用空白文件创建项目。参考需要用到的图纸数据如地形、路线等。

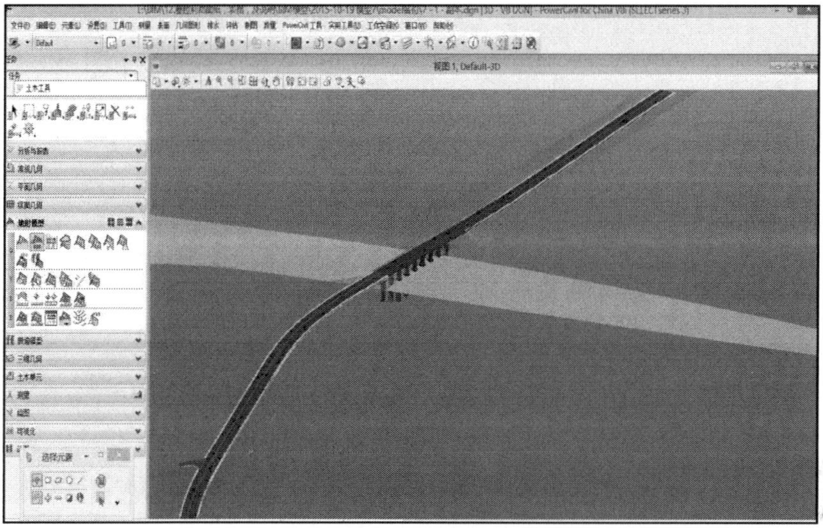

图 4.16　创建地形

(4) 创建纵断面。

(5) 创建廊道。

(6) 创建横断面模板。

(7) 工程量统计。

利用 Power Civil 可以快速地得出需要开采和回填的土方量，自动生成土方调配图表，同时还可以在道路模型中提取工程材料数量，以供分析项目成本，如图 4.17 所示。

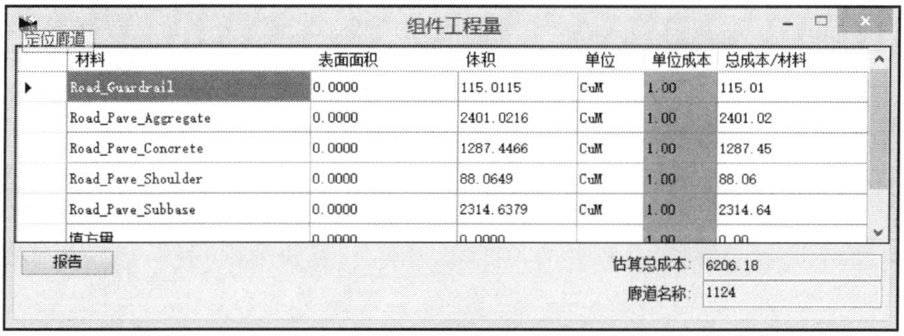

组件工程量

定位廊道

材料	表面面积	体积	单位	单位成本	总成本/材料
Road_Guardrail	0.0000	115.0115	CuM	1.00	115.01
Road_Pave_Aggregate	0.0000	2401.0216	CuM	1.00	2401.02
Road_Pave_Concrete	0.0000	1287.4466	CuM	1.00	1287.45
Road_Pave_Shoulder	0.0000	88.0649	CuM	1.00	88.06
Road_Pave_Subbase	0.0000	2314.6379	CuM	1.00	2314.64
填方量	0.0000	0.0000		1.00	0.00

报告

估算总成本：6206.18

廊道名称：1124

图 4.17　道路工程量统计

(8) 设计图显示类型，如图 4.18 所示。

(9) 查看横断面，如图 4.19 所示。

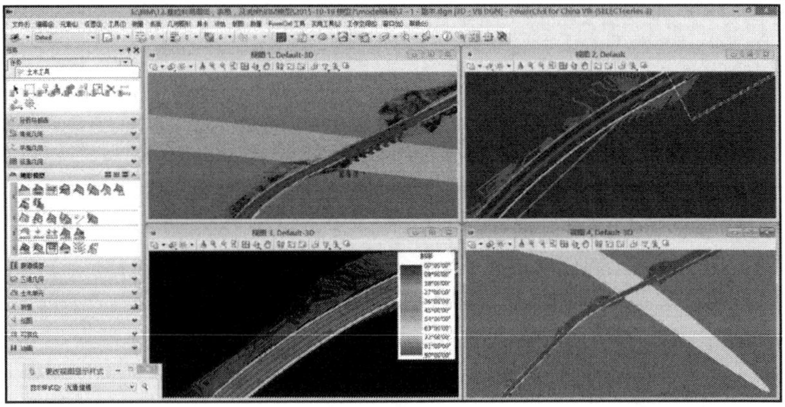

图 4.18　设计图显示类型

图 4.19　完成后道路效果

同时，尝试通过 Civil 3D 软件完成道路模型设计与真实模拟。运用 Civil 3D 软件对道路进行三维建模，然后在 Infraworks 软件中进行渲染。

(1) 收集原始资料。在三维建模前，需要一些准确的原始资料，如项目的区域概况、采用的设计标准等，最重要的是可靠的数据源。经常用到的有效数据源为测绘单位提供的点数据文件，这种数据是包含 Z 值的，可以被 Civil 3D 软件直接利用。

(2) 地形曲面的创建。在 AutoCAD Civil 3D 软件中，与数字地形模型(digital terrain model，DTM)相对应的概念是“曲面”，曲面分为三角网曲面、栅格曲面、栅格体积曲面、三角网体积曲面，它反映的是地形地貌，是道路设计的基础。新建一个曲面的操作流程为“常用→工具空间→浏览→图形集文件名→曲面→创建曲面”，在弹出的对话框中选择曲面类型、曲面图层、曲面特性，单击“确定”按钮，一个新曲面就建成了。曲面建成后需向这个空曲面添加数据，构成曲面的地形数据源，包括电子地形图中的等高线、地形点、断裂线，既可以是外部的测量数据，也可以是 Civil 3D 自身的高程点对象等。将多种可以利用的数据综合起来，就生成一个合理、平滑的三维地形曲面，能够准确地表达实际的地表模型。

(3) 道路模型的创建。创建道路模型之前首先需要进行平面线位设计、纵断面设计和装配设计(横断面设计)，然后通过“常用→创建与设计”面板选择创建道路对应的菜单，根据提示依次选择路线、纵断面、装配，经过这三步后，窗口中就会显示所创建的道路模型。右击用户所创建的道路特性，选择“特性…”，在弹出的“道路特性”对话框中可以对道路进行更细致的修改。此外，当路线存在超高段时，若装配铺设到道路上，也可以对超高进行设置。

(4) 应用 Infraworks 展示 Civil 3D 软件的设计成果。Civil 3D 软件提供了材质设置功能，但是其主要作用是建立道路的网格模型，其渲染能力有限，不能够展示道路的真实外观。当用 Civil 3D 软件完成建模后，可以把道路模型导入到 Infraworks 软件中进行渲染，其渲染的图像可以达到照片级别的效果，并可以沿道路进行漫游，生成动画。在 Infraworks 中可以利用 Google Earth 截取的实体道路场景，模拟出道路的现实环境，并可以添加房屋、树木、车辆、路灯、行人、护栏、标志标线等模型。模型修饰完成后，就可以对场景进行渲染，场景的渲染可以设置阳光、风速等，效果如图 4.20 所示。

图 4.20　道路模型渲染示例

4.1.3　可视化展示

通过 BIM 将专业、抽象的二维建筑描述三维直观化，使得专业设计师和业主等对项目需求是否得到满足的判断更为明确、高效，决策更为准确。同时，三维展示不仅可以展现企业的技术实力，还可以获得更多项目建设的机会。

随着科技的进步，桥梁的种类越来越多样化和复杂化。传统的二维设计越来越无法满足桥梁的设计需求，建设就更无从谈起。BIM 的出现及时解决了此类问题，为多样化、复杂化的桥梁设计提供了技术支持。例如，对某道路工程进行 BIM 可视化建模模拟，如图 4.21～图 4.25 所示。

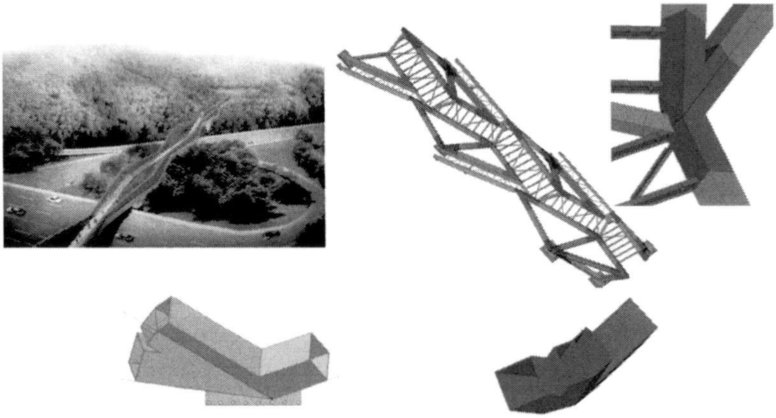

图 4.21　BIM 技术用于复杂桥梁的可视化

图 4.22　桥梁及两侧公路 BIM

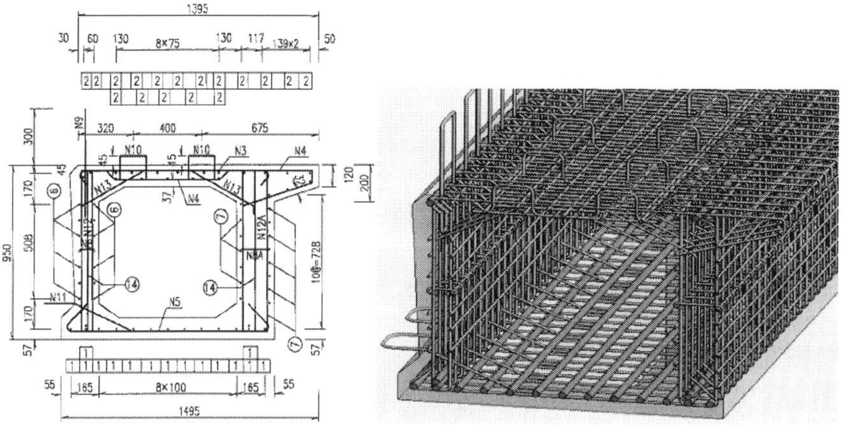

图 4.23　钢筋二维图与三维模型

图 4.24　桥面构造图和三维模型

图 4.25　道路 BIM 展示

4.1.4　设计检查

桥梁工程设计包括初步设计、技术设计和施工图设计。如果要使 BIM 技术与桥梁设计有效地结合，三维建模是前提[48]。由于三维建模技术在桥梁工程设计中还没有得到较好的应用，故需采用 BIM 技术将传统的二维图纸转换为三维模型，然后基于三维模型进行分析与优化。图 4.26 展示了基于 BIM 的桥梁工程设计优化流程。BIM 在设计上的应用主要集中在设计方案的建模与分析以及其中存在问题的检测和反馈方面。项目人员一方面收集项目相关图纸之后进行建模，另一方面在模型建立的同时由 BIM 团队和相应的决策人员决定是否需要修改图纸。如果需要，则由项目的设计人员对图纸进行修改，并再次进行建模和检测分析，直到反馈信息显示已不再需要修改图纸。通过这种方法，设计人员期望在施工开始之前解决所有的设计问题，确保设计的可建造性，减少返工。需要说明的是，三维建模通常由专业建模工程师完成。

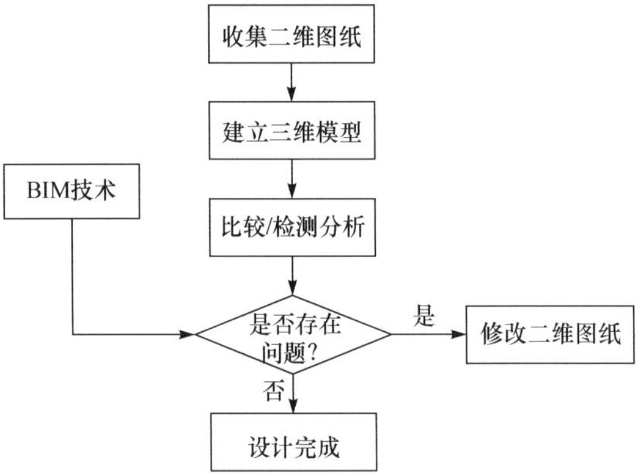

图 4.26　基于 BIM 的桥梁工程设计优化流程

采用 BIM 技术进行工程设计，有别于传统 AutoCAD 等二维设计方法。BIM 可以将多专业、专业内多成员间、多系统间原本各自独立的设计成果(包括中间结果与过程)，置于统一、直观的三维协同设计环境中，避免因误解或沟通不及时造成不必要的设计错误，提高设计质量和效率。同时，三维设计软件的碰撞功能将碰撞点尽早地反馈给设计人员，为实际解决问题提供信息参考，在第一时间尽量减少现场的碰撞和返工现象，以最实际的方式体现降本增效。

1. 碰撞检测

BIM 最直观的特点在于三维可视化，利用 BIM 的三维技术在前期可以进行碰撞检查，优化工程设计，减少在建筑施工阶段可能存在的错误损失和返工的可能性，而且优化净空，优化钢筋布置位置、新建结构物相对既有结构物的分布方案和管线排布方案。最后，施工人员可以利用碰撞优化后的钢筋布置方案、三维管线方案等，进行施工交底、施工模拟，提高施工质量，同时也提高了与业主沟通的能力。

目前 BIM 技术用于碰撞检查主要是硬碰撞，碰撞问题最常见的是安装工程中各专业之间设备管线的碰撞、机电和结构之间的碰撞、机电和建筑之间的碰撞[49]。现阶段的设计工作都是分专业设计并且是二维图纸，要进行碰撞分析就要把所有的专业汇总到一起考虑，这就需要工作人员自身具备一定工作经验和能力。利用软件进行碰撞检查，将模型整合成三维模型，通过软件自动将碰撞位置检测出来，这就是碰撞检查。

碰撞检查是工程重要的组成部分，无论是什么工程都不可避免地会有碰撞问题，如果在施工前没有及时发现并解决这些问题，最终只能导致工程返工，由此会造成施工各方损失几十万元甚至更高的代价来弥补因碰撞引起的问题，造成资源不必要的浪费和工期的延误。

与传统的平面设计相比，BIM 的优势体现在以下方面。

(1) BIM 技术的使用可以将所有的专业模型全部整合到一个模型中，然后对各专业模型进行自身和相互之间全面彻底的碰撞检查。由于模型是按真实尺寸建造的，所以在传统图纸中不能展现的一些深层次的问题在模型中可以清晰透彻地展示出来。

(2) 全方位的三维建筑和机电所有的专业模型可以在任何需要的地方剖切大样图并调整该处的位置关系。

(3) BIM 相关软件可以彻底检查各专业之间的所有冲突问题并反馈给各专业设计人员进行调整，基本可以消除所有的碰撞。

(4) 可以对管线的定位标高进行明确的标注，并且直观地看出楼层的高度分布情况，轻松地发现二维图纸中难以发现的问题，间接地实现优化设计，控制了碰撞现象的增多。

(5) BIM 除了可以生成传统的图纸和局部剖面等图形外，还可以利用浏览、漫游等多种手段对模型进行观察，使用户能更形象地看到整个模型。

(6) BIM 是一个数据集成的模型，也是一个项目的数据库，可以对材料进行准确的统计，减少一些人工的计算量。

2. 钢筋碰撞检查

项目施工中，传统的设计流程及技术交底有许多弊病，其中钢筋工程表现较为突出，存在一系列影响工程质量的问题。相对于传统设计，BIM 可有效解决钢筋工程中的这些问题。

(1) 钢筋加工方面存在剪断尺寸不准现象，箍筋不规范，分析原因为定位尺寸不准，严格控制其尺寸是解决该问题的方法，采用 BIM 技术能准确模拟每根钢筋的直径、形状、弯折等信息，并通过三维图像展现，更加有效地传达给施工方具体的钢筋成品信息，减少误差和返工率。

(2) 钢筋安装过程中同样会出现许多技术问题，如骨架外形尺寸不准、平板保护层不准、柱子外伸钢筋错位、同截面接头过多、露筋等问题。应用 BIM 技术可以真实反映每个钢筋位置、保护层厚度、钢筋直径信息等，可给施工单位提供有效的数据资料，方便施工。

(3) 钢筋漏筋在工程中也是常见的施工问题。例如，在检查核对绑扎好的钢筋骨架时，发现某号钢筋遗漏。原因是施工管理不当，没有事先熟悉图样和研究各号钢筋的安装顺序。预防措施是绑扎钢筋骨架之前要熟悉图样，并按钢筋材料表核对配料单和料牌，检查钢筋规格是否齐全准确，形状、数量是否与图样相符。在熟悉图样的基础上，仔细研究各钢筋绑扎安装顺序和步骤，整个钢筋骨架绑完后应清理现场，检查有无遗漏。此种方法有效，但是需要花费技术人员大量的时间去研究核对钢筋数量。而通过 BIM 技术可以准确定位到每一根钢筋及摆放顺序，方便技术人员理解设计意图，进而指导施工减少误差。

桥梁工程中各种异型构件及复杂的钢筋布置增大了钢筋工程难度，通过碰撞检查可预先发现钢筋排布中的不合理之处，进而改正优化方案，减少工程误差，提高工程质量。

(1) 墩身钢筋碰撞检查。桥墩墩身采用圆端形实心墩，由于钢筋直径的影响，根据初设二维图纸建立的钢筋模型出现硬碰硬现象，经过钢筋位置变化及适当调整钢筋形状后，该问题得到解决，可得到更为准确的施工图纸，如图 4.27 所示。

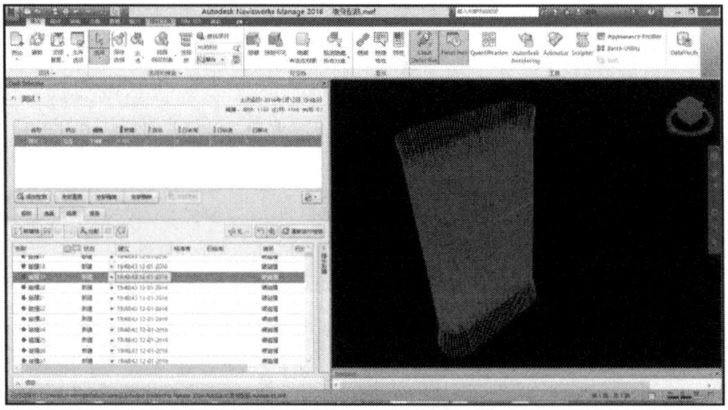

图 4.27　墩身钢筋碰撞检查

(2) 中梁钢筋碰撞检查(图 4.28)。中梁钢筋较为复杂，钢筋种类繁多，根据二维图纸新建三维模型时发现二维图纸中有一些钢筋定位不准确，也就是设计疏漏，无法详细地给施工方传达设计意图，给施工带来不便。经调整后得到的配筋模型经过碰撞检测，发现还有在许多钢筋“打架”的现象，这个问题应该在设计时就得到解决，多次调整后，得到了较为满意的配筋模型，如图 4.28 所示。

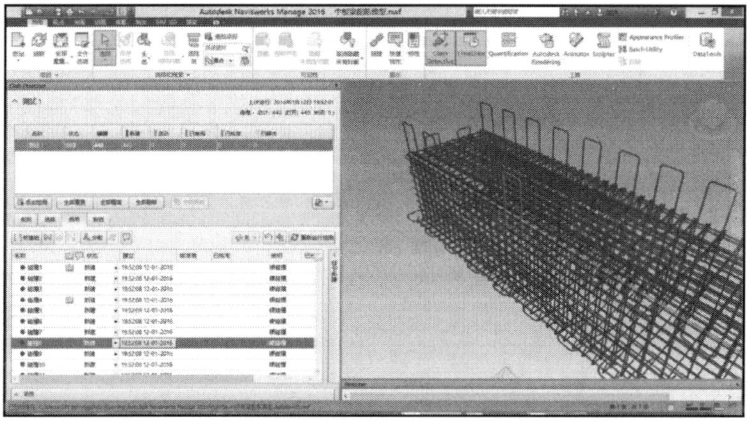

图 4.28　中梁钢筋碰撞检查

(3) 盖梁钢筋碰撞检查。盖梁作为异型结构也体现了设计特点，钢筋的配置具有渐变性。通过 Revit 配筋，并进行碰撞检查，快捷地解决了钢筋布置不合理问题，如图 4.29 所示。

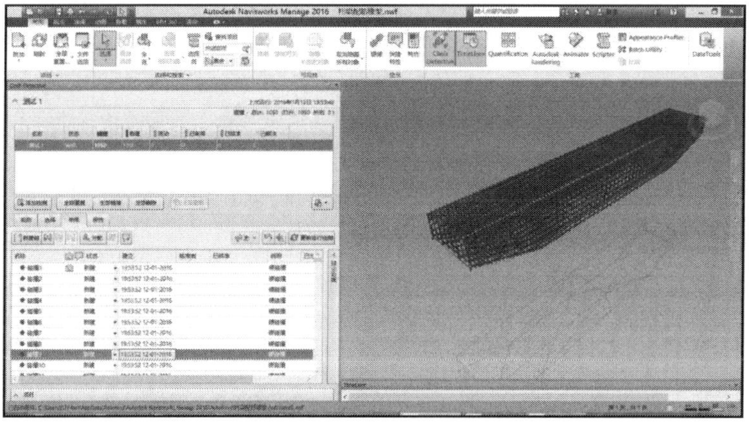

图 4.29　盖梁钢筋碰撞检查

(4) 承台钢筋碰撞检查如图 4.30 所示。

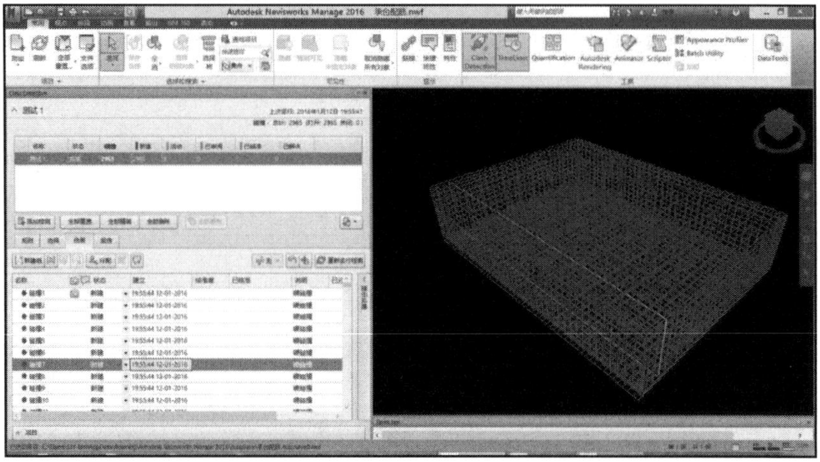

图 4.30　承台钢筋碰撞检查

(5) 构件间的碰撞检测如图 4.31 和图 4.32 所示。此处桥面沥青铺装与路缘石碰撞，调整沥青路面的铺设方案，使沥青路面与道路左侧路缘石不相碰撞，从而减少了沥青的用量及返工成本。

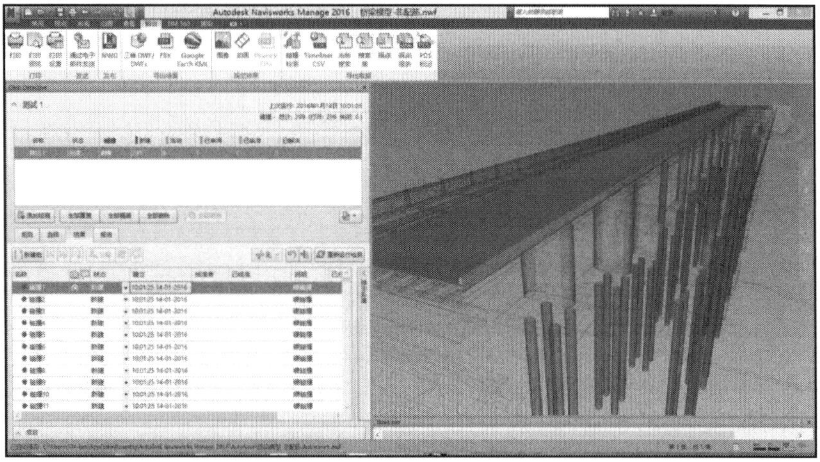

图 4.31　构件间碰撞检测一

为避免排水管与人行道纵梁碰撞，在设计施工时，应强调人行道纵梁现浇，要预留排水管孔。如果排水管会与人行道纵梁碰撞的问题没有及时被发现，会给排水管的铺设带来麻烦，需要将纵梁凿孔，这就影响了工程质量。

构件间的碰撞检测可快速检查出设计疏漏，减少工程返工，节约成本，提高工程质量。

图 4.32　构件间碰撞检测二

4.1.5　出图

由于缺少 BIM 模式下二维视图的交付指导方法，部分企业对于 BIM 模式下二维视图交付的理解还存在一些误区。有的企业放弃 BIM 直接生成可交付二维视图的功能，有的企业则花费大量精力在 BIM 环境下进行二维视图的后期合规处理。

对于现阶段 BIM 模式下二维视图的交付模式，既不能一味要求 BIM 生成的二维视图必须完全符合现有二维制图标准，也不能否认 BIM 可直接生成二维视图的价值[50]。应该根据 BIM 技术的优势与特点，制定出现阶段合理的 BIM 模式下二维视图的交付模式。

实际上，国内部分设计院已经尝试了通过与业主确认，调整部分二维制图标准，使得在方案设计、初步设计阶段由 BIM 导出的视图可以直接作为阶段交付物。而交付模式的变化也将带来企业现有工作模式及人员组织的改变。

基于对 BIM 技术的理解及对国内外 BIM 成功案例的分析，现阶段 BIM 模式下二维图纸的交付应注意 BIM 生成二维视图的审核原则、BIM 生成二维视图的交付范围、BIM 生成二维视图的工作模式及可能的人员变化等。现阶段对于通过 BIM 生成二维视图的审核原则应为：二维视图能够完整、准确、清晰地表达设计意图与具体设计内容，并以此原则合理把握交付要求的尺度。

在审核过程中，如果过度追求图纸美观以及原有的表达习惯，意味着需要花费大量精力对生成的图纸进行修补，或是将 BIM 生成的视图导出到传统二维工具中进行深化设计。这些都会造成出图环节中的大量浪费，同时会破坏成图纸与 BIM 间的关联性，故而得不偿失。

美国国家 BIM 标准历经三次修改，相对比较成熟，目前使用的第三版除了继承前两版的内容和编制方式外，还在此基础上根据实践发展情况增加并细化了一部分模块内容，以便更有效地促进 BIM 应用的落地。其中引人注目的亮点就是在标准中引入了二维 CAD 美国国家标准，虽然 BIM 是行业未来的发展趋势，但是不可否认二维图纸在实际应用中依然有很高的需求。因此，第三版标准仍将二维标准加入进来，形成对 BIM 的良好补充。BIM 不意味着排斥平面数据，以 BIM 为核心，兼容包括 CAD 在内的多种数据格式应该是未来 BIM 软件具有的功能。

相较于美国，我国 BIM 国家标准的制定目的虽然同样是为了促进建筑行业的转型升级，但政府对于整个行业的把控力度和美国存在较大差别。一方面，目前很多大项目都在应用 BIM 相关的信息化技术，这就推动政府要快速把国家级标准编制出来。另一方面，由于标准出台后有着很强的实施层面的因素，所以对于编制单位来说，除了要提供先进理念，还需要把一些优秀的实践成果和实践方式加入进去，才能够形成一个比较完善的国家标准。与美国市场主导下的 BIM 标准发展不同，在我国 BIM 国家标准的制定过程中政府起到了主导作用。

当前，我国建筑设计行业的最终任务是将二维图纸交付业主及施工单位，这也是目前建筑工程行业的流程。因此，生产流程的组织与管理均围绕着二维图纸的输出来进行，而这却是阻碍 BIM 技术在我国进行广泛应用的一个重要因素。因此，我国在今后 BIM 技术相关标准制定时，要考虑这一实际情况。

桥梁发展到今天，除了要满足最基本的跨越通行功能外，人们对于桥梁整体美感追求的脚步并未停止。现代桥梁设计师渴望驾驭复杂多变、更富美感的几何曲面，而二维设计技术无法表达三维几何形态的立体多层次效果，在这种情况下，三维设计技术应运而生，给桥梁设计注入了新的生命力。

通过三维 BIM 直接生成二维图纸，是 BIM 的优势之一。模型与图纸的关联性可以保证出图的准确性和质量。目前，BIM 应用的阻碍之一是建模比较浪费时间、效率不高，然而若能保证后期图纸的质量，那么也就提升了 BIM 的应用价值[51]。图 4.33～图 4.35 为某桥梁工程应用 BIM 自动生成的图纸及材料统计清单。通过与原有二维图纸的比对，会校核出原有设计中二维绘图时出现的问题，这一点也说明了未来 BIM 实施的必要性，应用 BIM 技术可以减少二维绘图的工作量并确保设计的准确性。这对于实施工程的精细化设计是非常重要的。

在实际应用中，可以通过已创建的桥梁模型直接生成一套完整的桥梁施

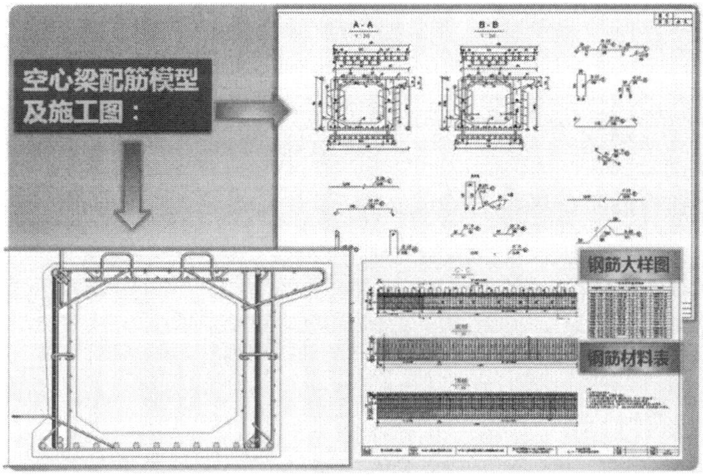

图 4.33　空心梁配筋模型及施工图

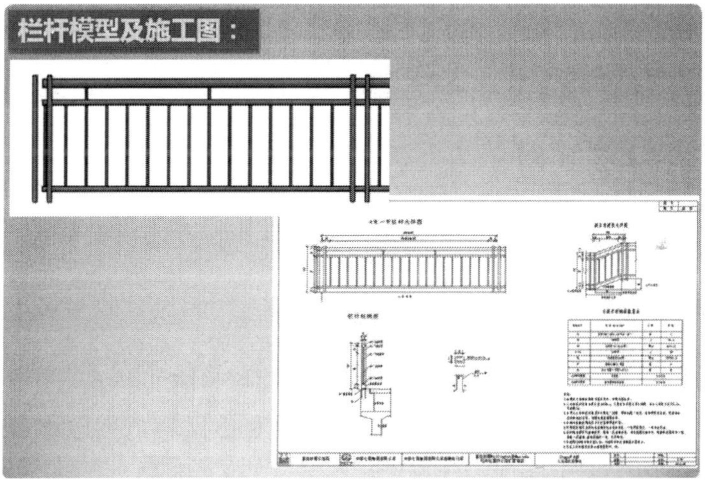

图 4.34　桥梁的栏杆模型及施工图

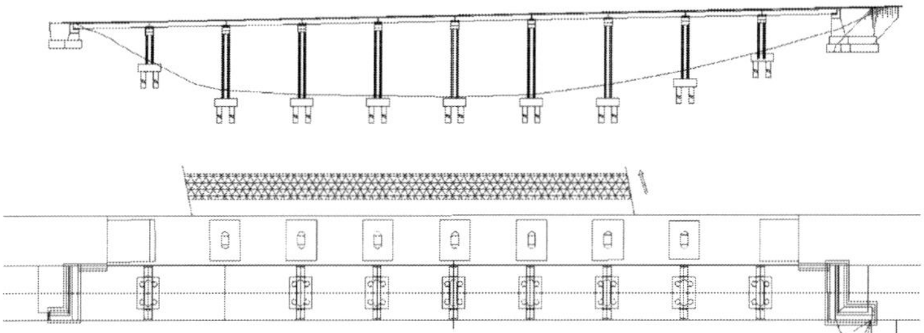

图 4.35　桥梁立面和平面示意图

工图纸，其中包括编制图框及模板、自定义钢筋、尺寸标注等。图纸中的标注主要分为两大类：一类为尺寸标注，主要表达一些如长度、角度等数据参数，它们的表达形式主要表现为具体的数值；另一类为注释类标注，主要表达如名称、标高、编号等，它们的主要表达形式表现为文字和数字。通过一系列对 BIM 自动生成图纸的修改，能使其尽量满足规范所规定的出图要求及出图习惯。BIM 所生成的图纸始终与模型的逻辑相关，当模型发生变化时，与之关联的图形和标注将自动更新。这样的做法可以避免多个文件的重复修改，以及在设计图纸上找不到人为的设计错误。

鉴于 BIM 出图技术的可持续环保设计、提供高质量图纸等特点，设计师可以根据可靠的场地现状模型和设计约束评估设计方案，推出更具创新性的环保设计，帮助客户达到公认的可持续发展[52]。无论模型和文档是否发生变更，通过模型与文档之间的智能关联，可交付高质量的设计与施工图纸，提高图纸的一致性。利用 BIM 技术本身可以减少设计问题，大幅度提高施工图的质量，减少变更和出图次数，也可以起到减少图纸使用量的环保作用。

4.1.6 工程量清单

1. 工程量概述

建设项目的核心任务是工程量经济管理和工程造价控制，而此核心任务的首要工作在于准确、快速地统计工程量[53]。工程量统计是编制工程预算的基础工作，具有工作量大、费时、烦琐、要求严谨等特点，占全部工程预算编制工作量的 50%～70%，且其精确度和快慢程度将直接影响工程预算的质量与速度。工程量统计方法的改进不仅有利于加快概预算速度、减少概预算人员的工作量、提高概预算质量，而且对于增强审核及审定透明度都具有非常重要的意义。

BIM 为参数化模型，在建模过程中，各类的构件就被赋予了尺寸、型号、材料等约束参数。BIM 是经过可视化设计的环境反复验证和修改的成果，所以由此导出的材料设备数据有绝对的可信度。BIM 导出的数据可以直接应用到工程预算中，为造价控制、施工预算提供了有力的依据。以往施工决算时都是拿着图纸在等量，而 BIM 可以完全自动生成数据，大大提高了决算、预算的准确性。

2. 整合设计数据

为了创建一个虚拟项目模型，将道路设计数据导入基于模型的 Power

Civil 软件中。在 Power Civil 软件模型中整合数据后，采用三维 DWG 格式将这个基础设施模型传输到设计可视化软件中。这样，就能利用软件的建模功能来完善现有设计信息，添加周围的城市特征和景观细节，创建逼真的可视化和动画效果。另外，可以把 Power Civil 三维模型输入 Navisworks 中，创建一个结合三维虚拟模型和施工进度表的四维模型，而且可以把成本信息与四维模型连接起来，用以创建五维模型，进行成本估算。利用复合体积算法或平均断面算法，可以更快速地计算现有曲面和设计曲面之间的土方量。使用生成的土方调配图表，可以分析适合的挖填距离、要移动的土方数量及移动方向，确定取土坑和弃土堆的可能位置。从道路模型中可以提取工程材料数量，及时分析项目成本。

3. 精确算量

BIM 中展示的各项内容的工程量，如混凝土用量、土方量、钢筋长度及重量等信息均可实时调出并根据需要创建材料清单。

BIM 的精确算量功能还为材料进场时间和顺序提供了有力依据，很好地解决了现场场地狭小、垂直运输困难、加工质量难以控制等问题，为提高工作效率、降低工程成本起到了关键作用。

图 4.36 和图 4.37 是某项目的工程量明细和土方量明细的部分样例。

材料	表面面积	体积	单位	单位成本	总成本/材料
Grade_Cut	4768.8964	0.0000	SqM	1.00	4768.90
Grade_Fill	648.0181	0.0000	SqM	1.00	648.02
Road_Guardrail	0.0000	115.0115	CuM	1.00	115.01
Road_Pave_Aggregate	0.0000	2401.0216	CuM	1.00	2401.02
Road_Pave_Concrete	0.0000	1287.4466	CuM	1.00	1287.45
Road_Pave_Shoulder	0.0000	88.0649	CuM	1.00	88.06
Road_Pave_Subbase	0.0000	2314.6379	CuM	1.00	2314.64
填方量	0.0000	335.2064	CuM	1.00	335.21
挖方量	0.0000	4607.5262	CuM	1.00	4607.53

报告　估算总成本：16565.84　廊道名称：1124

图 4.36　道路工程量明细

4. 多领域协作

道路工程师可以将纵断面、路线和曲面等信息直接传送给结构工程师，以便其在软件中设计桥梁、箱形涵洞和其他交通结构物[54]。

此外，BIM 还可以进行变更追溯，将设计变更前后的内容反映到 BIM 中，

Corridor Model Component Quantities Report

Report Created: 1/27/2016
Time: 7:01pm

Corridor Name: 1124
Alignment Name: RdCL
Input Grid Factor: 1.000000

Note: All units in this report are in meters, square meters and cubic meters unless specified otherwise.

		Component End Area Totals		Component Surface Area Totals			
Station	Material	Area	Volume	Length	Area	Unit Cost	Material Cost
7+40.00							
	挖方量:	0.66				1.00	0.00
	Grade_Fill:			9.08156		1.00	0.00
	Road_Pave_Aggregate:	2.80				1.00	0.00
	Road_Pave_Shoulder:	0.10				1.00	0.00
	Road_Guardrail:	0.13				1.00	0.00
	填方量:	48.63				1.00	0.00
	Road_Pave_Subbase:	2.70				1.00	0.00
	Road_Pave_Concrete:	1.50				1.00	0.00
7+49.21							
	挖方量:		3.0			1.00	3.04
	Grade_Fill:			7.69743	77.30	1.00	77.30
	Road_Pave_Aggregate:	2.80	25.8			1.00	25.77
	Road_Pave_Shoulder:	0.10	0.9			1.00	0.95
	Road_Guardrail:	0.13	1.2			1.00	1.23
	填方量:		224.0			1.00	224.03
	Road_Pave_Subbase:	2.70	24.8			1.00	24.85
	Road_Pave_Concrete:	1.50	13.8			1.00	13.82
7+50.00							
	挖方量:					1.00	0.00
	Grade_Fill:			6.37393	5.53	1.00	5.53
	Road_Pave_Aggregate:	2.80	2.2			1.00	2.20
	Road_Pave_Shoulder:	0.10	0.1			1.00	0.08
	Road_Guardrail:	0.13	0.1			1.00	0.11
	填方量:					1.00	0.00
	Road_Pave_Subbase:	2.70	2.1			1.00	2.12
	Road_Pave_Concrete:	1.50	1.2			1.00	1.18

图 4.37　土方量明细

使管理者随时掌握变更情况，为工程结算提供有力依据。

4.1.7　可视化设计交底

通过三维可视化模型及 BIM 特有的施工模拟技术，将专业、抽象的二维施工描述通俗化、三维直观化，为施工人员和管理者之间建立更直观易懂的沟通平台，使施工人员更加容易和清晰地掌握复杂的桥梁工法的正确施工工序。

现代工程注重绿色施工，而 BIM 技术的应用可以大幅度提高施工管理水平。我国已经有不少地方标准明确要求提倡使用 BIM 技术，提倡绿色施工管理。在绿色施工管理方面，项目建设、设计、监理、施工等各方共同参与，成立 BIM 相关机构，明确职责。同时，应建立统一的 BIM 建模、信息交互标准。

采用 BIM 技术进行施工模拟，形成工艺视频，实现可视化交底。利用建立的三维模型，将施工工艺、关键节点等施工过程以三维动画的形式展现出来，并形成视频文件，在施工交底时，通过播放施工工艺过程模拟，能直观、简洁地展示施工工艺。

同时，利用 4D 进度模拟，实现对项目进度的合理控制与优化。利用已有的 3D 模型结合施工进度计划的时间属性，即 3D 模型加上时间维度，按照时间的先后顺序展现施工过程形成 4D 进度模拟，通过过程的模拟及时发现问题，以便优化调整，达到对施工进度的优化和控制。

BIM 技术在可视化施工方面的主要表现是，利用信息模型中的数字化技术展示现实工程中的工程构件，其中最重要的是建立三维实体的 BIM。这种模型不仅有助于剖析工程的整体布局，而且有助于直观明了地观察与设计工程的体量。在一些复杂技术的施工结构方案编制过程中，运用可视化的技术可以对工程结构的模型进行动态漫游的展示，并利用此技术优化建筑结构的施工方案。

由于工程施工人员层次不一，采用 BIM 技术进行快速交底可以起到简单直观的效果。

采用 Luban BE、Navisworks、Lumion 等对整个项目进行虚拟漫游，有助于项目管理人员掌握整个工程的空间关系。

针对技术方案无法细化、不直观、交底不清晰的问题，应改变传统的思路与做法(通过纸介质表达)，利用 4D 虚拟动画技术向施工方呈现技术方案，使施工重点、难点部位可视化，如图 4.38 所示，提前预见相关问题，确保工程质量，并对难点和关键技术直接讨论。

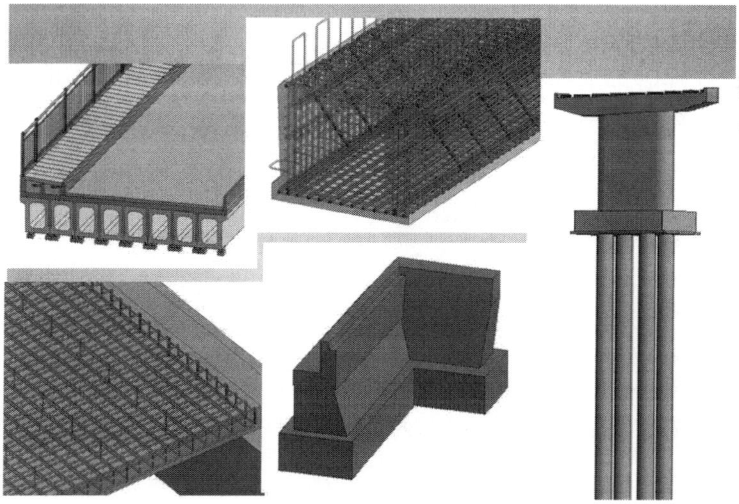

图 4.38　可视化交底各个部位的构造和做法

4.2　施 工 阶 段

基于 BIM 的桥梁施工模拟，可以对桥梁工程进行施工过程的优化。

4.2.1 基于 BIM 的三维可视化

BIM 技术作为信息技术在工程建设领域中的应用，将促使工程建设行业发生根本性变革。通过对工程施工过程进行虚拟仿真，能够增强项目管理者对工程施工项目的把控能力，降低和避免施工过程中可能出现的“错、漏、碰、缺”问题，从而提高建筑业生产效率和施工管理水平。

1. 可视化的概念

可视化可理解为“所见即所得”，是利用计算机显示技术和图像处理技术，将数据信息以图像、图形或模型的方式显示在电子屏幕上，并进行交互处理的理论、方法和技术。随着计算机技术的发展，可视化发展的程度越来越高。传统的可视化主要以二维平面图形表示，逐渐发展到以图像表示。如今可视化能以三维模型来表示。随着可视化实现的程度越来越高，可视化技术在工程领域、制造领域、计算机领域等得到广泛的应用和发展。

2. 可视化技术的内涵

可视化技术即三维表现技术，它是在计算机中再现三维世界中的物体，用三维形体来表达真实的物体。可视化技术以计算机软硬件为基础，为用户提供一个虚拟的三维环境，在此三维环境中用户与计算机能良好地交互，这种交互方式将人与机器的沟通变得更加简单,它将大大提高用户的工作效率，甚至改变传统的生产作业方式。例如，建筑工程师可以从二维平面图中得以解放直接进入三维虚拟模型中，改变传统二维设计的方式，利用可视化技术进行三维设计。

3. BIM 与可视化

广义地讲，在工程领域，CAD 二维图、照片、计算机效果图、BIM、计算机动画都属于可视化的范畴。CAD 技术是可视化程度比较低的一种工具，而 BIM 则是可视化程度比较高的工具，可视化是 BIM 技术的一种体现。BIM 中包含的项目中的几何、物理和功能等完整信息都是可视化的信息。

4. 可视化施工

可视化程度一直是衡量施工效率的一项重要指标。随着 BIM 技术的发展，BIM 在施工中的应用也越来越多，施工可视化程度越来越高，可视化的价值也逐渐被认可。可视化施工为新时期的项目管理提供了新的思路，打破了传统的施工作业模式，促进了施工过程中信息的共享与传递。可视化施工技术能解决施工中面临的很多难题，如大型复杂工程的施工、空间异型工程的施工定位难题等。基于BIM的可视化施工改变了建筑业粗放的管理方式，在将来必将发挥它的潜在价值。

现阶段BIM的可视化施工的关键技术如下。

1) 3D文档模拟施工

基于BIM施工模型，采用图片加文字的形式，打印制作3D文档，模拟复杂施工过程或采用特殊工艺的施工方案。3D文档可直接拿到工地现场作为施工指导依据，工人接受度高，易于理解，方便携带。

2) 可视化技术交底

在现场施工交底时，打破常规的书面交底方式，直接采用BIM三维模型，多角度地展示施工内容和施工工序，施工人员可按照自己易于接受的角度理解施工内容。利用BIM进行二维出图指导复杂节点的施工，指导工人准确定位钢筋、模板，避免了图纸误读、不理解造成的返工。

3) 净距检查

现如今施工环境越来越复杂，施工受到的局限越来越多，利用BIM技术检查三维模型之间的净距，采用实时漫游功能检查施工净距能否满足要求，并不断优化施工方案，可以保证施工安全并减少施工周边环境的影响。

4) 特殊位置模板、脚手架方案模拟

在复杂异型结构的施工中，模板和脚手架的安装施工至关重要，可利用BIM指导异型模板的制作，并对脚手架搭设方案进行模拟。

基于BIM技术的施工可视化的技术构架，可在Autodesk Navisworks Manage软件平台上实现。

Navisworks Manage是用于分析、仿真和项目信息交流的软件，可进行施工可视化分析、调整、优化，以便于冲突管理和碰撞检测。Navisworks Manage能够帮助设计人员和施工人员在施工前进行可视化虚拟建造，预测和避免潜在的问题。

5. BIM模型可视化技术在图纸会审中的运用

在传统的二维施工图纸会审工作中，经常存在查找图纸中的错误困难以及在查找到错误后各专业沟通困难等问题。

BIM通过可视化的工作平台，以实际构件的模型取代CAD图纸中的线条、文字说明等表达方式。它能将需要多张二维图纸才能表达清晰的问题在一个 BIM 中直观地反映出来，从而较容易地找到设计中存在的失误或是错误。同时，在查找到问题后，通过 BIM 可视化的工作平台，使相关人员能更容易明白自己需要怎样配合，有效地解决图纸会审中“顾此失彼”的问题。

6. BIM 技术的施工可视化推广应用存在的问题

BIM 技术的施工可视化可以为工程项目建设带来巨大的效益，但是在实际项目中的应用还只局限在某一个阶段或者某个方面，尤其在国内表现得更为明显。究其原因为 BIM 在工程项目中应用存在以下困难。

(1) 收益的不确定性。BIM 技术强调模型的信息与模型的共享，是项目建设整体效益的最优化，因而受益人员不一定是建立 BIM 的那一方。但是，BIM 效益的产生需要各专业将自己的 BIM 贡献出来分享，得到分享的人数越多，其所产生的效益越大。BIM 应用能否给各方带来效益，是项目各参与方考虑采用 BIM 技术的关键，所以 BIM 技术带来的利益分配机制需要整个行业重新考虑。

(2) BIM 技术难度高。BIM 技术不是一个或一组软件的应用，也不是一个人的事情，还不是一组工具的问题。BIM 涉及项目各阶段各参与方之间的协调，并将目标建立在模型中，各阶段、各参与方投入的意愿及投入程度直接影响 BIM 的成果。

(3) BIM 人才紧缺。

(4) 没有形成完整的产业体系和价值链。

(5) 管理方式转变困难。

(6) 建筑业发展惯性大。

(7) BIM 技术理论不足和缺乏行业标准。

7. 基于 BIM 技术的施工可视化推广应用的措施

(1) 转变理念。BIM 是信息技术在工程建设领域的应用。因此，推广基于 BIM 技术的施工可视化应用的策略应与推广应用 CAD 一样，使 BIM 应用单位的业务层、管理层和领导层都充分认识到 BIM 技术带来的价值，转变传统施工管理模式的观念和方法，为基于 BIM 技术的管理理念、方法和手段创造应用的环境。

(2) 构建组织团体。BIM 技术系统复杂，基于 BIM 技术的施工可视化应用必须要构建相应的 BIM 团队。

(3) 学习 BIM 技术相关知识。

(4) 构建应用 BIM 技术的软硬件环境。

(5) 优化流程。基于 BIM 的施工可视化技术在施工过程中的应用将重新梳理并优化工程建设的整个工作流程，它将改进传统施工项目管理的理念、方法和手段。因此，企业应结合自身情况创建适合 BIM 技术应用的施工管理模式，制定工作制度、职责范围、目标细则和流程体系，使 BIM 技术的应用能切实提高施工企业的工作效率和施工管理水平。

(6) 制定应用成果交付的标准。规范施工各阶段、各专业的 BIM 应用成果交付标准，便于项目各参与方之间的交流与共享，实现基于 BIM 的信息集成与共享。

4.2.2　基于 BIM 的虚拟施工技术模拟

1. 基于 BIM 的虚拟技术的提出

根据当前我国政策法规及建筑领域发展现状，建筑施工企业的信息化建设是大势所趋。在客观环境方面，我国相继出台并颁布实施了建筑信息化、建筑施工企业及相关建筑实施意见等文件规定，为建筑施工企业积极开展信息化建设提供了良好的环境基础。在建筑施工企业内部管理方面，企业内部开展信息化建设是企业自身增强行业市场竞争力的有效途径。因此，建筑业的信息化必须基于建筑施工企业的信息化，而建筑施工企业的竞争力也来源于建筑施工企业的信息化。伴随 BIM 技术的兴起以及当前建筑业的现状和发展需求，全新的概念——虚拟施工技术被引入，即在融合 BIM、虚拟现实技术、数字三维建模等计算机技术的基础上，将要施工的建筑建造过程预先在计算机上进行三维数字化模拟，真实展现建筑施工步骤，避免建筑设计中“错、漏、碰、缺”现象的发生，从而进一步优化施工方案。

目前，虚拟施工技术在国内的应用实践还不是很多，它正处于初试阶段，还需要从理论和实践两方面加强推广和应用。

参数化和可视化是 BIM 的两大主要特点。参数化可使模型中各个视图之间存在基于构件的联系，是不同视角、方位各构件物理和几何属性的表达；可视化可使建筑信息以仿真模拟的方式直观展示在计算机中。在设计阶段，这两大特点结合表现出的设计效果可视化将给施工指导带来很大便利。

任何一座桥梁，无论规模大小，都要经历从规划、设计、施工、养护到拆除的全阶段。现阶段，受到管理体制、设计技术、人员能力等方面的限制，桥梁建设过程与后期管理大多分属不同部门，桥梁构造设计依赖于二维 CAD

系统，各个阶段相对独立，缺乏有效的协同和联系，造成了工程效率低、使用寿命短、后期养护费用高等问题。

2. 基于 BIM 的施工方案设计

施工方案的合理选择是工程项目施工组织设计的核心。施工方案的合理性，不仅影响施工进度计划和施工平面图的布置，还直接关系到工程的施工安全、效率、质量、工期和技术经济效果。施工方案设计主要包括确定施工程序、确定单位工程施工起点和流向、确定施工顺序、合理选择施工机械和施工工艺方法及相关技术组织措施等内容。

3. 基于 BIM 的施工进度模拟

桥梁施工是一个动态化的过程，施工工期长，且长期占用城市空间，故工期控制尤为重要。传统的横道图可视化程度低，用于进度管理效率低下。应用 BIM 技术，将其与施工进度计划相连接，实现 4D 模拟，不仅可以直观地体现施工的界面、顺序，还可以使各专业施工之间的施工协调变得清晰明了，从而检测施工进度计划的可行性，提早发现工程的工序问题，提高桥梁工期的管理能力。

完成基于 BIM 技术的 4D 虚拟建造后，项目管理者可以得到规划良好的施工程序、施工顺序，以及合理的施工工艺方法和相关技术组织措施等。基于 BIM 技术的 4D 模拟的引入，解决了施工管理项目过程中的动态分析的困难，为全过程动态模拟提供了翔实的数据，它在项目施工以前对建设过程进行彩排，精确直观地展现施工进度和施工工艺流程，便于项目管理者选择更为合理、有效、安全的施工方案。

桥梁尤其是大跨径桥梁的施工过程，是一个连续不断的动态化过程，极其烦琐、复杂和漫长，需要投入的设备和物料较多，加上存在设计误差、施工误差、测量误差等，施工过程中结构受力情况很难与理论值完全一致，因此桥梁施工需要高水平的技术和管理支持。目前，桥梁施工中，管理工程施工进度和计划的可视化、动态化较差，无法显示施工中的技术难点、具体过程和人员设备物料关系。

据统计，全球建筑业普遍存在生产率低下的问题，其中 30%的施工过程需要返工，60%的劳动力被浪费，10%的损失来自材料的浪费。BIM 信息模型集成了材料、场地、机械设备、人员等诸多信息，可对建筑工程的施工进度进行模拟。通过 4D 施工进度模拟，可以直观地反映施工的各项工序，方便施工单位协调好各专业的施工顺序、提前组织专业班组进场施工、准备设备、场地和周转材料等，大大提高建筑业的工作效率，减少施工过程中出现的问题，为越来越多的高、精、尖的特大工程顺利施工提供可靠的保证，为建设项目工程各方带来可观的经济效益和社会效益。

模型信息与施工相关联，在施工过程中可以通过 BIM 对整个工程的施工过程进行模拟，将各个施工专业的三维建筑模型以及各自的施工计划导入 Autodesk Navisworks 中，然后对各个专业的施工进度进行模拟，分析各个专业施工进度的合理性以及配合的协调性，以便于调整施工计划和掌握施工预算等信息。

桥梁的设计与施工也是相互紧密关联的，对各种桥梁根据地形、施工条件采用不同的合理的施工方案是桥梁工程中需要解决的关键问题。大型构件的吊装是桥梁工程中不可缺少的一道工序，如何正确安排大型构件的吊装工序，将直接影响桥梁工程能否顺利完成并达到施工进度和质量的要求。根据原有的老桥和当地的施工条件，采用几种不同的施工方法进行模拟施工，可使得最终的施工方案更合理、更科学。

如图 4.39 所示，由于项目是设计建造在紧邻老桥旁边，在施工过程中，该项目与老桥的相互关系以及施工机械的组织可以通过 BIM 很好地直观展

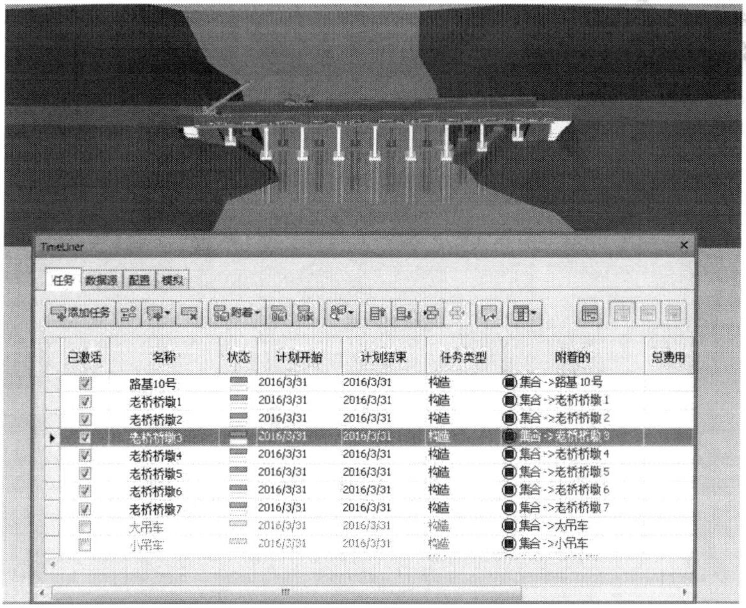

图 4.39　BIM 与施工组织和机械相结合

示(图 4.39)，有助于提前解决施工过程中可能出现的现场问题。

4.2.3　施工工序与进度模拟

项目人员利用 BIM 技术和模拟技术将桥梁三维模型与施工方法有效地集成在一起，进行桥梁施工工序的模拟。在这个过程中，通过生动、直观的过程模拟，施工人员可以有效分析复杂结构的施工工序是否合理、预制构件的吊装程序是否合理。一旦发现施工问题，及时进行施工方案修改与再模拟，直至在施工之前获得可行的、高效的施工方案，从而确保施工的顺利进行，保证工程质量。

1. 进度模拟

采用 BIM 技术和模拟技术，将桥梁三维模型和进度计划集成起来，实现基于时间维度的施工进度模拟。一方面，可以按照天、周、月等时间单位进行项目施工进度模拟，并根据现场情况实时调整，分析不同施工方案的优劣，从而得出最佳施工方案；另一方面，可以对项目的重点或难点部分进行细致的可视化模拟，如施工操作空间共享、施工机械配置规划、材料供应计划、构件安装工序、材料的运输堆放安排等施工方案的优化。同样，施工进度模拟是一个不断重复模拟与改进的过程，通过它可获得有效的施工进度安排，达到资源优化配置的目的。

BIM 技术在施工阶段可协助施工进行提料工作。例如，通过 Revit、Navisworks 系统根据工程进度得出的工程量，直观方便地提取施工过程中的工程材料用量，协助施工管理，对采用的进场环节起到把控作用、精细管理，从而节约成本(图 4.40)。

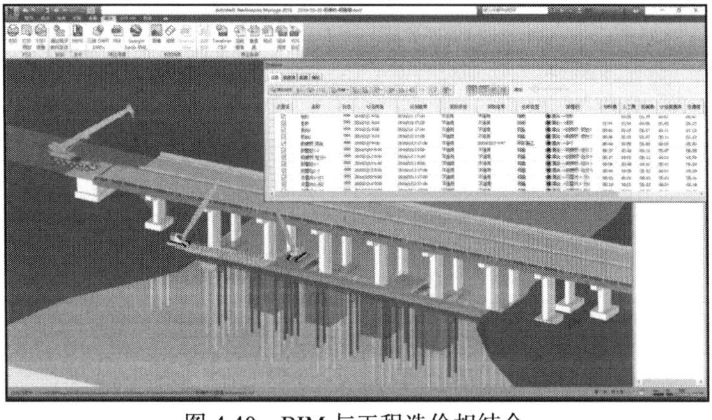

图 4.40　BIM 与工程造价相结合

2. BIM 与进度计划的结合

将进度计划导入 BIM 中，通过 Navisworks 系统将模型中的构件与施工进度计划进行挂接，实现 4D 进度模拟，如图 4.41 所示。

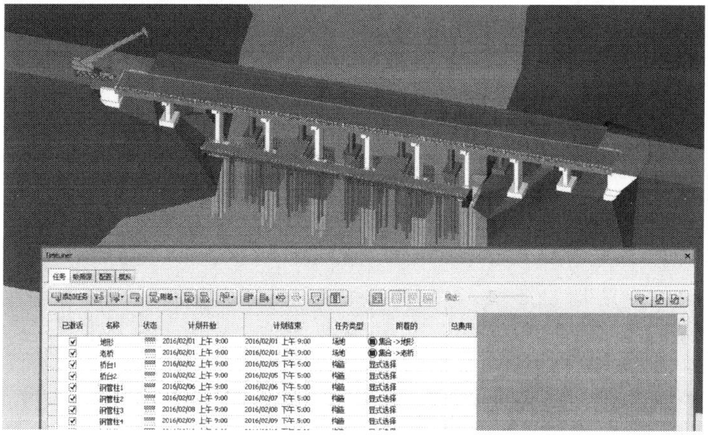

图 4.41　BIM 与进度计划相结合

Navisworks 的文件格式有三种，分别是 nwc、nwf 和 nwd。

nwc：在 Revit 中导出后形成的缓冲文件格式。

nwf：Navisworks 标准的格式。在制作施工模拟的过程中因为要附加一些辅助信息，附加的信息是可以删除的，在 Navisworks 时系统默认的就是 nwf 格式，所以可以说 nwf 是 Navisworks 的标准格式。

nwd：成品交付文件，因为在制作施工模拟时所附加的辅助信息是属于参考形式添加进来的，另存为 nwd 文件格式可以把这些附加的信息合并到一个文件中，这样成品交付时只需要一个文件。

4.3　运 维 阶 段

多年来，国内外学者陆续将 BIM 技术引入公路信息化管理，在公路建设、路政执法和资产管理方面，取得了较好的效果。美国联邦公路局将 GPS、GIS 及多媒体视频等技术应用到公路资产管理，可以迅速地定位查看损坏的公路资产视频，保证了道路的安全性。目前，我国公路养护系统一般采用传统的二维地图显示方位信息。公路系统包括运营、路政、养护等多个部门，各个部门有各自的信息系统，彼此之间的数据也由各自部门维护，若采用不同的数据格式和交换格式，将导致无法整合到统一的地理数据平台上进行有效数据共享，从而使得部门之间难以实现高效协同。

桥梁运营在桥梁整个生命周期占据最长的时间，一套完善的运行管理方案对保证桥梁的健康运营起到尤为重要的作用，建立基于 BIM 的桥梁信息化管理系统对桥梁运营阶段的常规信息管理和结构安全信息管理有非常重要的作用。这不仅能保证信息管理科学有效及桥梁健康安全运营，尽量延长桥梁的使用寿命，还能降低桥梁使用的综合成本。

在塞拉利昂项目中进行在 BIM 设计阶段完成后的运维阶段的 BIM 应用价值及可行性研究，利用 Revit 软件的接口 API 开发了 BIM 与后期桥梁运维阶段桥梁监测数据的接口，实现了对建成后桥梁的安全监测、数据监测及无线监测。一旦发现桥梁的监测数据出现异常，在 BIM 中会用亮显提示，并通过发送短信等方式及时通知负责人采取措施，这为将来 BIM 在全生命周期的应用进行了有价值的尝试[55]。

4.3.1　桥梁检测界面说明

接口示意可以为以后的监控提供各种数据接口，并在 BIM 中显示。根据项目的特点，监控数据可以是桥梁的应力、应变、位移、频率、车辆过往监视等，根据后期运维阶段的需要进行设置。检测界面的应用举例说明如下。

模型创建的流程思路和做法如下。

(1) 设置桥梁检测点，沿中心线设置一些检测点，如图 4.42 所示。

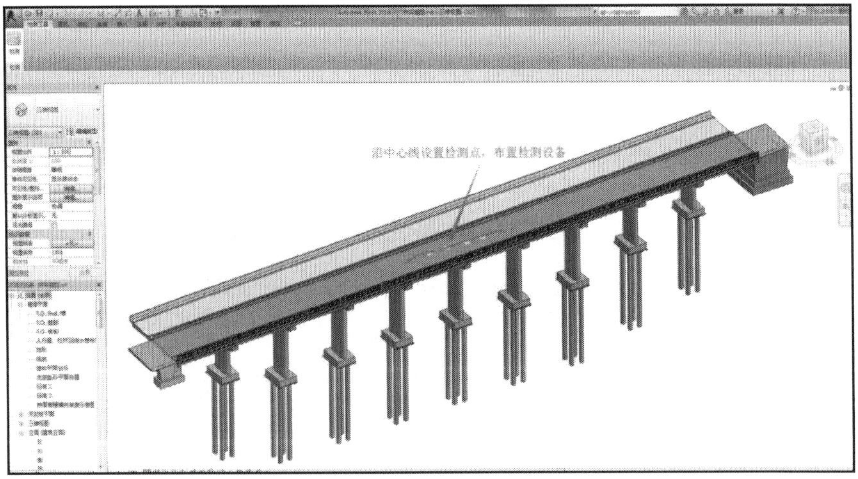

图 4.42　设置桥梁检测点

(2) 对检测点进行监控，可以查看每个检测点的情况。

桥梁各个部位的检测点信息通过网络获取，实时监控各个点的沉降、应力、应变等情况，对出现超出设定值的情况进行手机短信、电子邮件等提醒通知，如图 4.43 所示。

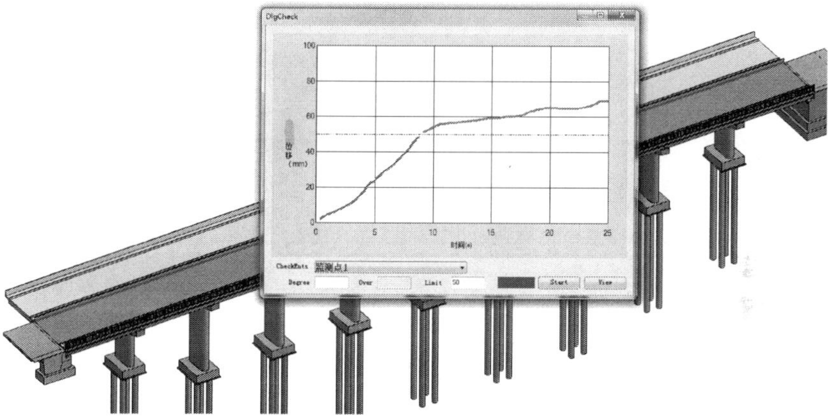

图 4.43　桥梁检测点数据超限

(3) 对桥梁中心线检测点进行数值模拟，绘制整个桥中心线的情况，如图 4.44 所示。

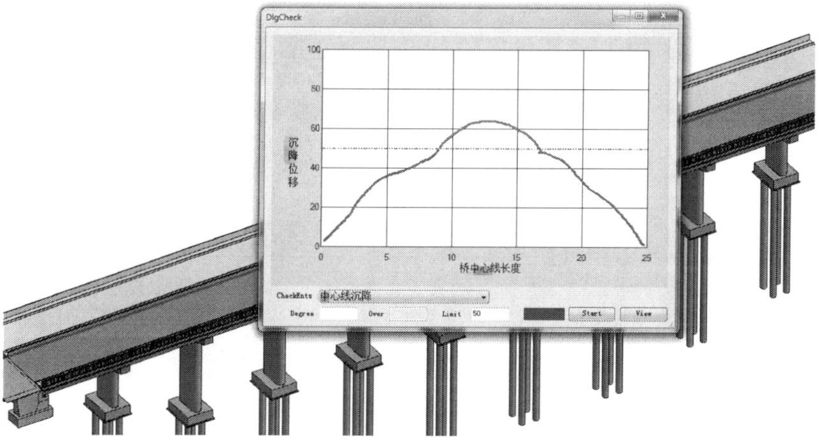

图 4.44　桥梁中心线检测点数值模拟显示

对桥梁中心线的所有检测点进行统一模拟，绘制整个中心线的沉降、应力等曲线，标出危险区域，如图 4.45 所示。

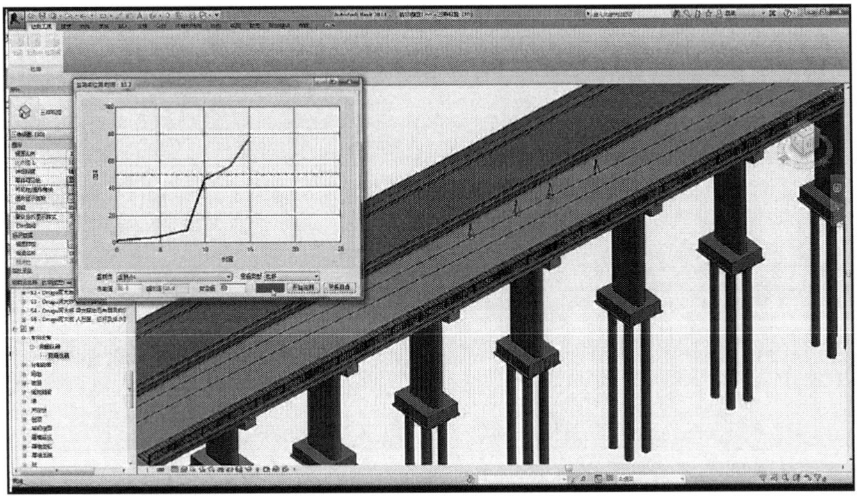

图 4.45　桥梁监测数据与 BIM 接口

4.3.2　单个位置信息检测

对检测点的应力、应变、位移进行远程查看，并对临界值进行判断，用不同颜色显示，对出现超过临界值的情况进行提醒，如图 4.46 和图 4.47 所示。

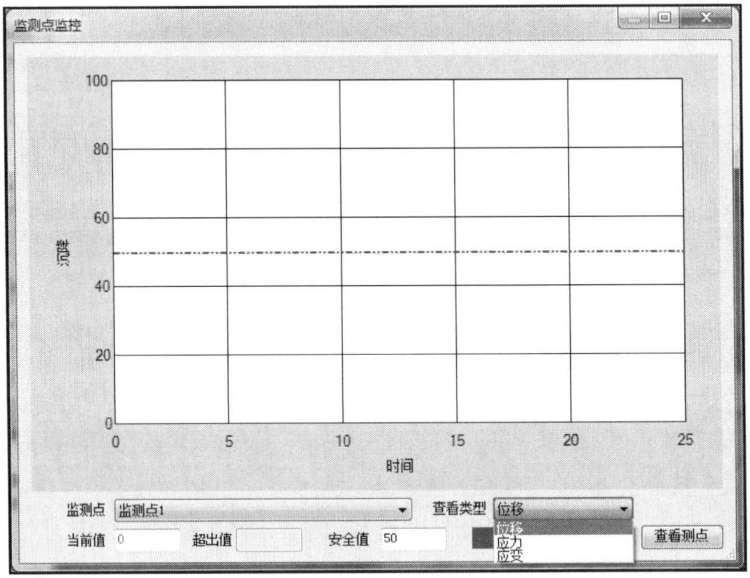

图 4.46　桥梁检测点监测内容显示

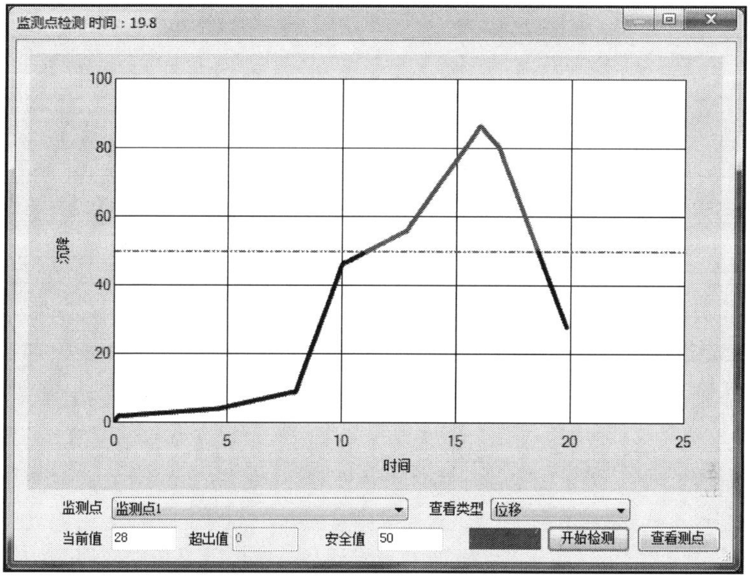

图 4.47　桥梁位移检测点数据超限显示

4.3.3　沿长度方向线形检测

将梁纵向各个检测点值形成连线，曲线展示整体变化，可选择应力、应变、位移查看，对出现超过临界值的情况进行提醒，如图 4.48 和图 4.49 所示。

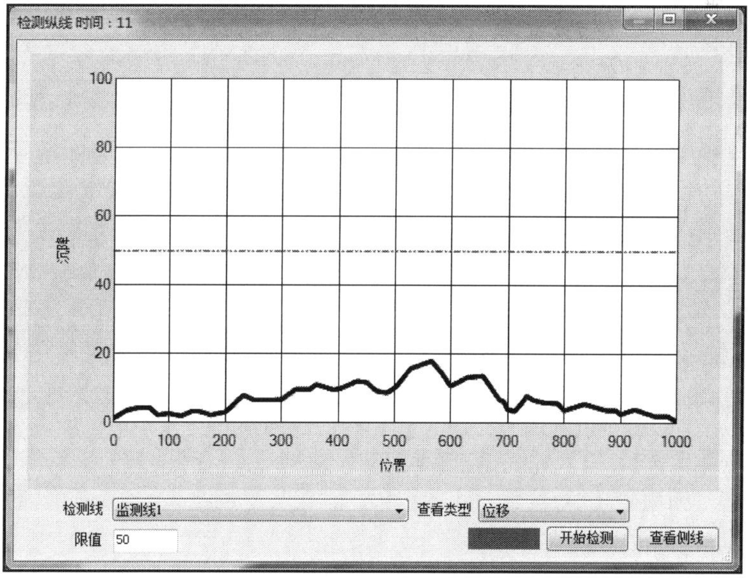

图 4.48　桥梁沿桥长位移检测点数据一

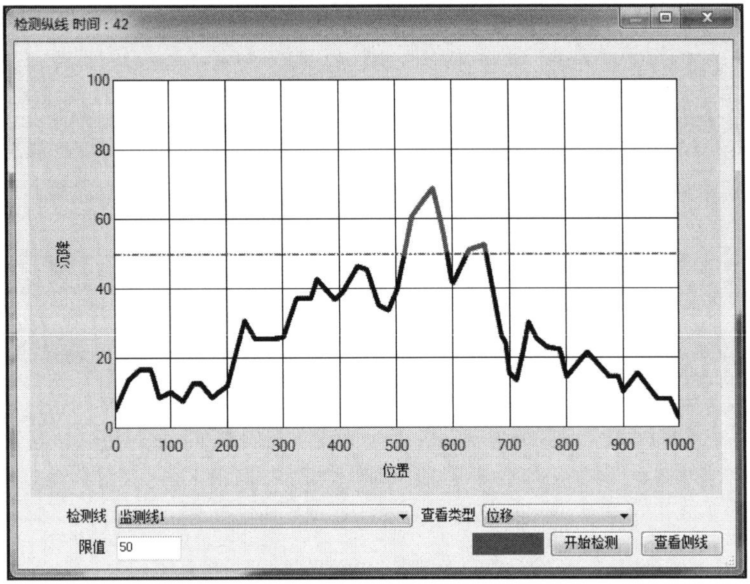

图 4.49　桥梁沿桥长位移检测点数据二

4.3.4　BIM 平台与检测接口开发的意义和价值

目前 BIM 技术虽然有不少应用，但是在真正 BIM 的全生命周期中应用的项目非常少，还有诸多问题需要解决，尤其是在运维阶段。作者开发的模拟数据接口打通了 BIM 和后期应用的数据连接，使得在施工阶段的重要监测数据可以与 BIM 关联，并设置预警关键点，实现施工阶段的质量监控。

平台可以建立基于 BIM 技术的预制构件的生产管理信息，桥梁的预制构件是信息化的模型，如果与生产过程中的二维码技术结合，就可以形成可视化的预制构件生产跟踪管理系统，提升生产管理的效率和技术含量，实现信息化、科学化管理的目标。

在项目施工完成后，运营使用阶段可以将需要检测的各种数据与 BIM 关联，实现可视化管理和监控，如桥梁长期关键部位的应力和位移以及裂缝等的监控，保障桥梁的长期安全运营，发现问题，及时报警维修，或者加固处理。在运营阶段，对于桥梁上的通行能力、运行车辆信息的监控和管理的一些测试监视数据，都可以基于 BIM 形成可视化的管理平台。

因此，BIM 平台与检测接口的开发具有广泛的意义与应用价值。

4.4　BIM 在桥梁大型临时工程中的应用

BIM 技术作为数字化技术手段，在土木工程领域发挥着重要作用。我国 BIM 技术在多个重大路桥建造中得到广泛应用，不仅提高了工程质量和施工效率，而且提升了项目管理水平。在施工中，合理布置施工现场，合理安排材料进场，对绿色施工管理、节约成本、减少安全隐患、提高项目效益有着重要的作用。BIM 技术是一种涉及领域比较广且每个领域都有与其相关的 BIM 软件工具的模型数字技术，具有可视化、模拟性、优化性、协调性等特征。将 BIM 技术应用于绿色设计及施工管理中，将更加提升项目生产效率、缩短工期、提高质量、降低造价。

桥梁施工设计主要是对桥梁施工中使用的大型临时结构，包括基础施工的钻孔平台及围堰、墩身施工的模板及支架、主梁施工的现浇支架或挂篮等进行设计。目前设计过程中都应用 CAD 技术绘制设计图纸。现行的 CAD 技术包含二维设计和三维设计技术，在设计过程中，大部分项目不采用或者部分采用三维建模，常用的还是二维平面设计，通过三视图(立面图、平面图及侧面图)、剖面图表达描述一个三维的结构工程。

随着社会不断向前快速发展，桥梁结构形体越来越新颖、越来越复杂，大型临时结构需要与桥梁结构相匹配，设计人员需在较短的时间内完成大规模复杂临时结构的高质量设计，同时面临桥梁具体施工时的条件与设计假定发生变化，需要及时进行修改的情况，这将严重制约桥梁施工设计的发展[56]。

4.4.1　栈桥工程

BIM 技术的出现，能够解决目前施工设计中面临的一些挑战及困难。本节对 BIM 技术的应用研究包括以下方面：进行了标准单元的 BIM 建立，实现了可视化展示；建立了单车道栈桥、双车道栈桥的三维 BIM，生成材料信息及工程相关信息，实现整个施工过程中工程材料按施工进度有序进场；利用生成的材料信息进行材料库管理，通过材料分类、调入、调出等工作，实现栈桥施工中各个阶段的材料信息输出管理等。

BIM 在栈桥中的应用包括以下方面。

(1) 建立三维 BIM 的信息化模型。

(2) 自动生成二维图纸。

(3) 通过浏览模拟和动画演示施工全过程，实现设计阶段的优化。

(4) 建立标准族库,实现基于 BIM 技术的栈桥标准化设计,形成基于 BIM 技术的标准化图册成果，达到装配式、模块化、标准化的项目研究目标。

BIM 技术在复杂水文地质条件下高栈桥标准化设计中的应用主要体现在以下几个方面。

(1) 贝雷片的标准单元 BIM，如图 4.50 所示。

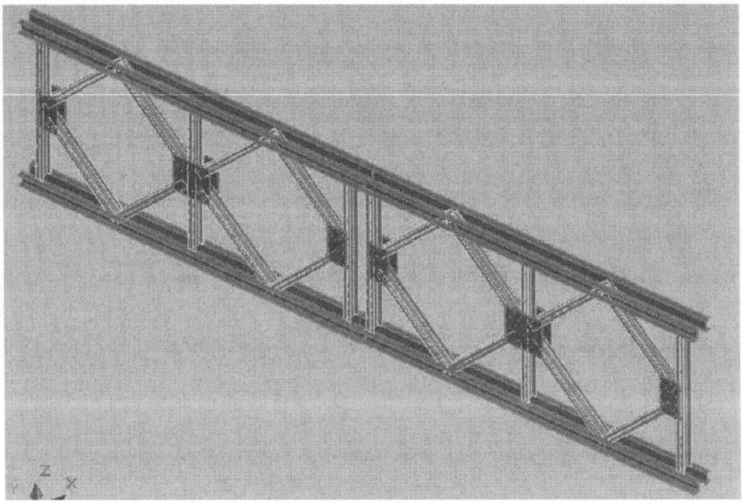

图 4.50　贝雷片的标准单元 BIM

(2) 单车道栈桥标准跨度 BIM，如图 4.51 所示。

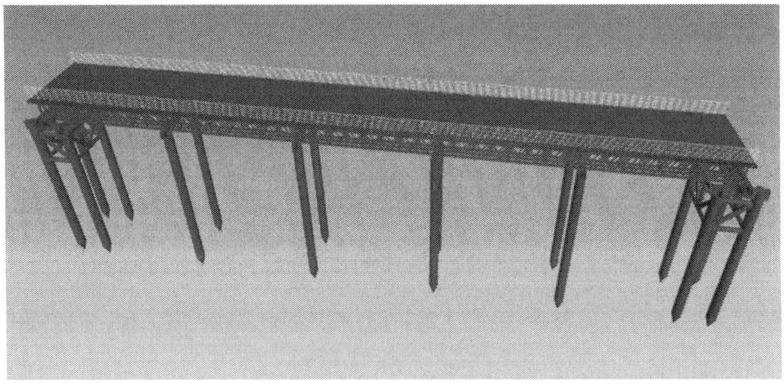

图 4.51　单车道栈桥标准跨度 BIM

(3) 双车道栈桥标准跨度 BIM，如图 4.52 所示。

(4) 施工模拟。建立三维 BIM 进行依托项目的施工过程模拟，论证施工方案的可行性，并对方案进行进一步优化和可视化交底，如图 4.53 所示。

(5) 生成二维图纸和材料清单，如图 4.54 所示。

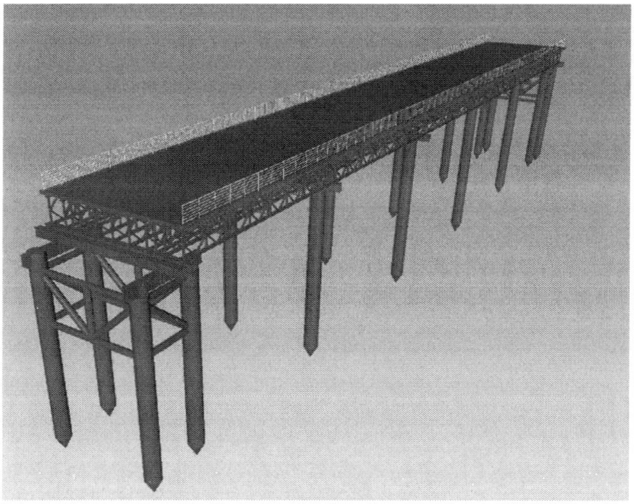

图 4.52　双车道栈桥标准跨度 BIM

图 4.53　栈桥 BIM 施工模拟

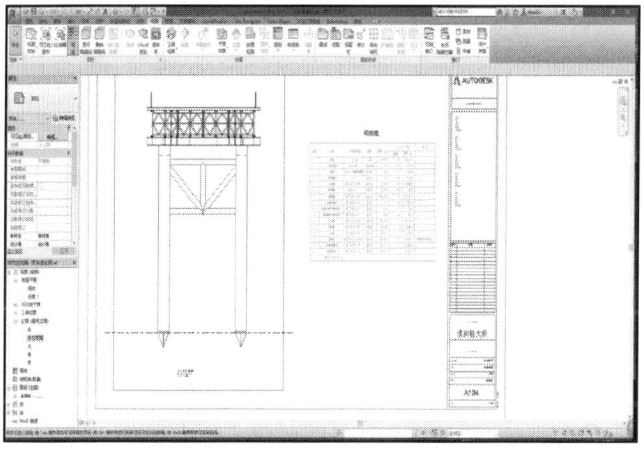

图 4.54　生成二维图纸和材料清单

4.4.2 深水围堰工程

随着我国建筑工程项目体量的日益增大，结构日趋复杂，传统二维图纸的表现力越来越差，而图纸数量却不断增加，这给项目各方带来了巨大的沟通障碍与信息传递壁垒。例如，深水中钢套箱围堰施工，具有结构复杂、工况多、受力体系转换频繁、安全风险高等特点，属于技术含量较高的大型临时工程施工，如果采用传统的二维图纸表达整个施工过程，则需要较多的图纸组合才能准确表达设计意图，而对于一些细节描述，采用二维图纸就显得力不从心。

本节以某特大桥为例，说明 BIM 技术在深水围堰大型临时工程中的具体应用。该桥位于深水水库库区，常水位水深为 20m 左右，桥梁墩基础采用钻孔桩+承台结构形式，钻孔桩采用 9 根 ϕ2.0m 灌注桩，并采用 ϕ2.3m×18mm 钢护筒施工。承台为矩形，承台结构尺寸为 14.6m×12.2m×4m，承台顶位于河床面以下 2～4m。这里将 BIM 技术应用于围堰设计和施工技术交底两方面。

1. 基于 BIM 技术的标准化设计

围堰工程设计阶段基于 BIM 技术实现可视化、模块化和标准化的设计理念。模拟标准化围堰单元的制造和安装过程，验证标准单元的标准化程度、装配式比例，通过 BIM 技术的模拟，实现标准单元在设计阶段的模块化设计，实现单元类型由原来的多种非标准单元优化成标准模块单元，即根据单元的受力情况(标高不同，其受力大小不同)，按照高度将单元分成几个标准模块化单元段，主要分为中间标准单元块和角部标准单元块，最大限度地减少不同单元块类型，实现生产标准化、装配式单元标准化和施工方法标准化。

(1) 优化标准模块，生成角部单元块和结构标准节段单元，如图 4.55～图 4.57 所示。

(2) 直接创建基于 BIM 的材料清单，围堰模型建成后，根据输入的材料参数，从系统直接导出工程材料清单，如图 4.58 所示。

2. 围堰施工技术交底

该桥的基础属于桥梁深水基础，适宜采用钢套箱围堰施工。但施工环境和施工工序复杂，若采用二维图纸表述主要施工过程，需要通过以下 14 幅图纸(图 4.59～图 4.72，共 14 个步骤)表达施工过程。

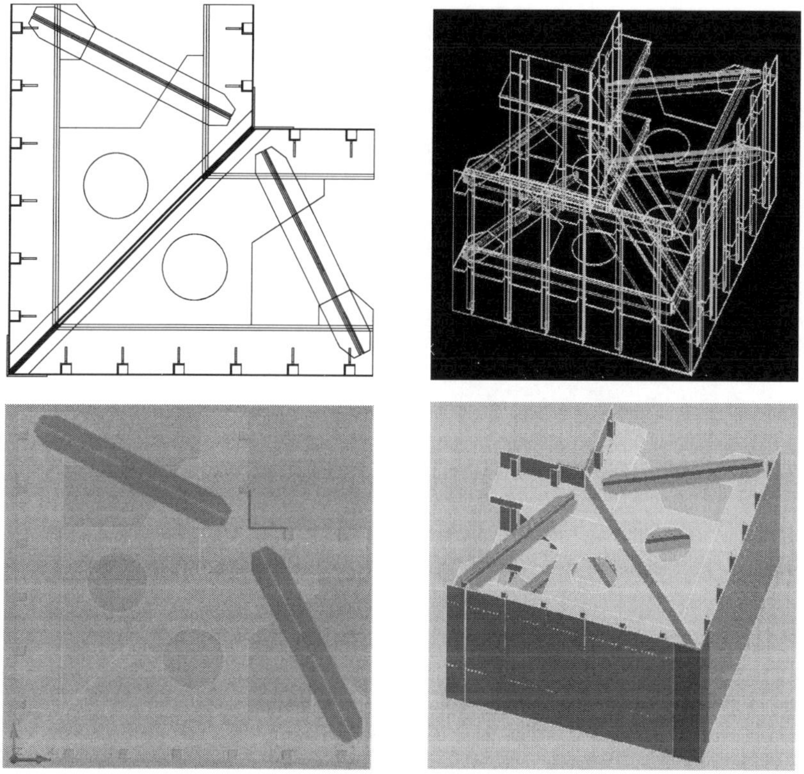

图 4.55　角部单元块

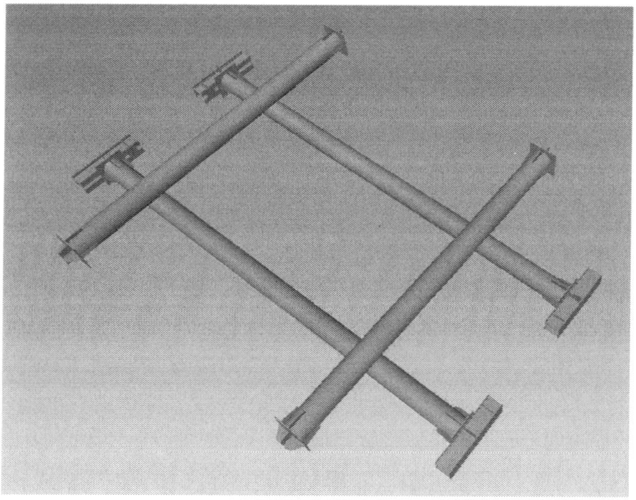

图 4.56　内支撑单元块

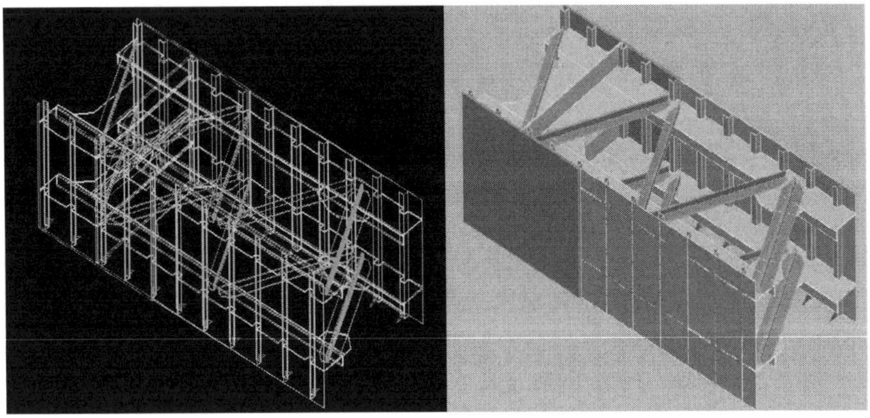

图 4.57　标准节段单元

TEKLA STRUCTURES 材料清单　　工程号:　1　　页:　1
工程名:浪河特大桥　　期号:　　日期: 20 04.2017

型材	材质	数量	长度 (mm)	面积 (m2)	重量 (kg)
L63*6	Q235B	9	4990	1.2	28.5
L63*6	Q235B	9	4990	1.2	28.5
L63*6	Q235B	20	4990	1.2	28.5
L63*6	Q235B	22	4990	1.2	28.5
L63*6	Q235B	20	4990	1.2	28.5
			399200	98.6	2283.9
L75*8	Q235B	12	1362	0.4	12.3
L75*8	Q235B	12	1488	0.4	13.4
			34200	10.1	308.8
L100*10	Q235B	3	1536	0.6	23.2
L100*10	Q235B	3	1536	0.6	23.2
L100*10	Q235B	5	1536	0.6	23.2
L100*10	Q235B	6	1437	0.6	21.7
L100*10	Q235B	27	1437	0.6	21.7
L100*10	Q235B	55	1437	0.6	21.7
L100*10	Q235B	11	1536	0.6	23.2
			160242	62.8	2422.8
PL5*3400	Q235B	3	200	1.4	26.7
			600	4.2	80.1
PL6*2250	Q235B	2	4990	22.5	528.8
PL6*2250	Q235B	2	4990	22.5	528.8
			19960	90.2	2115.3
PL6*3400	Q235B	1	4990	34.0	797.1
PL6*3400	Q235B	1	4990	34.0	797.1

图 4.58　工程材料清单示意图

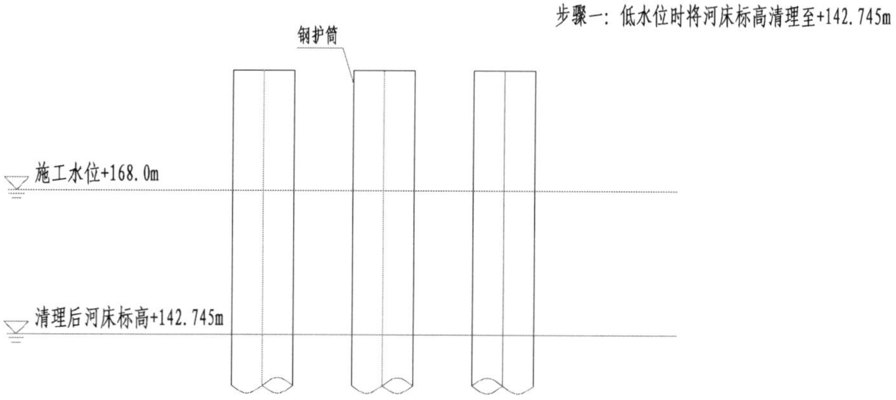

图 4.59　钢套箱围堰施工步骤一

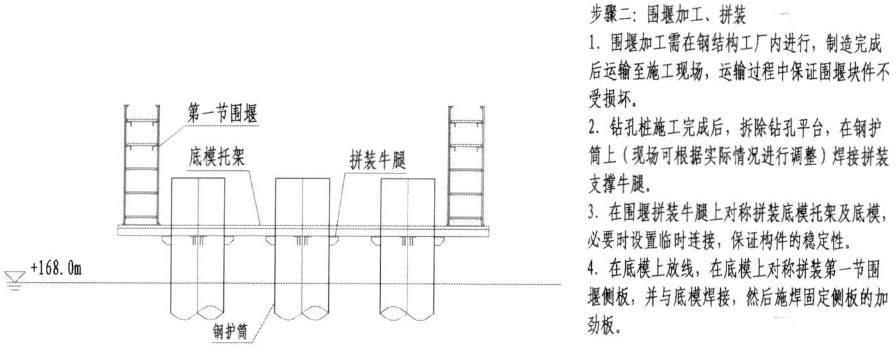

图 4.60　钢套箱围堰施工步骤二

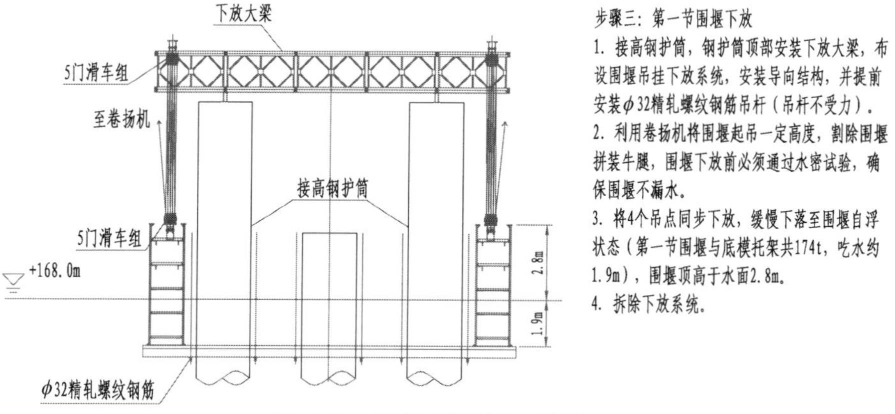

图 4.61　钢套箱围堰施工步骤三

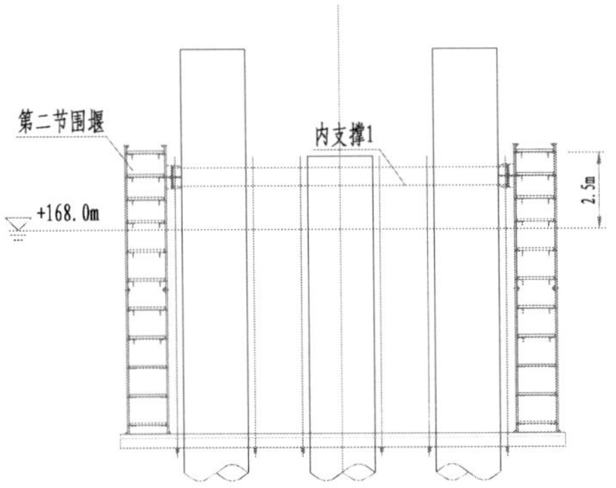

步骤四：第二节围堰拼装，下放

1. 在第一节围堰上对称拼装第二节围堰侧板并安装内支撑1，围堰拼接过程中必须保证纵向及环向焊缝质量达到相应的规范标准，围堰下放前必须通过水密试验，确保围堰不漏水。
2. 向围堰壁仓内对称注水共约$344m^3$（围堰壁仓内累积水位约为3.8m），至围堰顶距水面标高为2.5m，停止注水，围堰停止下沉。

图 4.62　钢套箱围堰施工步骤四

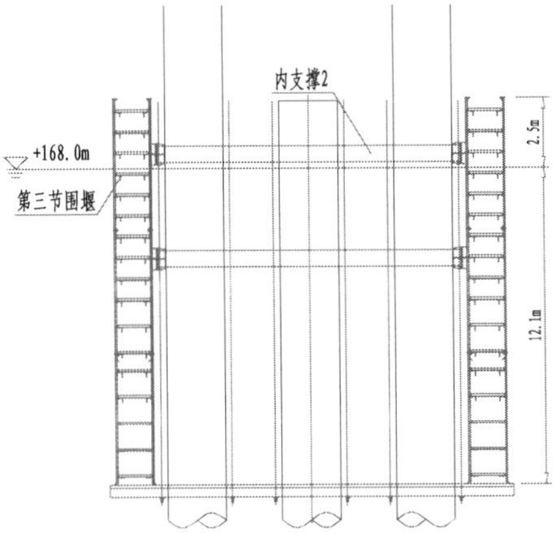

步骤五：第三节围堰拼装，下放

1. 在第二节围堰上对称拼装第三节围堰侧板并安装内支撑2，围堰拼接过程中必须保证纵向及环向焊缝质量达到相应的规范标准，围堰下放前必须通过水密试验，确保围堰不漏水。
2. 向围堰壁仓内对称注水共约$308m^3$（围堰壁仓内累积水位约为7.2m），至围堰顶距水面标高为2.5m，停止注水，围堰停止下沉。

图 4.63　钢套箱围堰施工步骤五

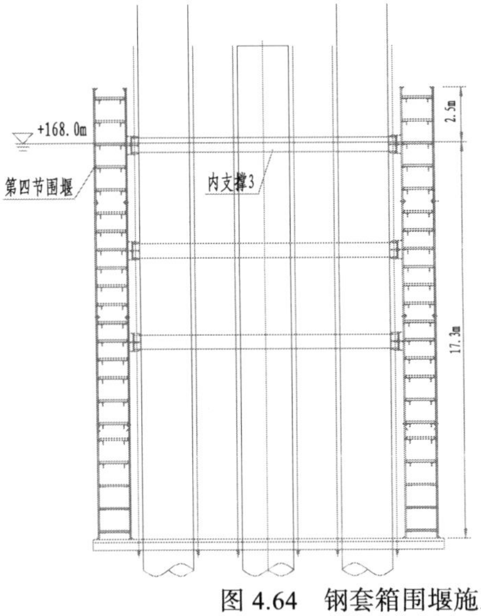

步骤六：第四节围堰拼装，下放

1. 在第三节围堰上对称拼装第四节围堰侧板并安装内支撑3，围堰拼接过程中必须保证纵向及环向焊缝质量达到相应的规范标准，围堰下放前必须通过水密试验，确保围堰不漏水。
2. 向围堰壁仓内对称注水共约$318m^3$（围堰壁仓内累积水位约为10.7m），至围堰顶距水面标高为2.5m，停止注水，围堰停止下沉。

图 4.64　钢套箱围堰施工步骤六

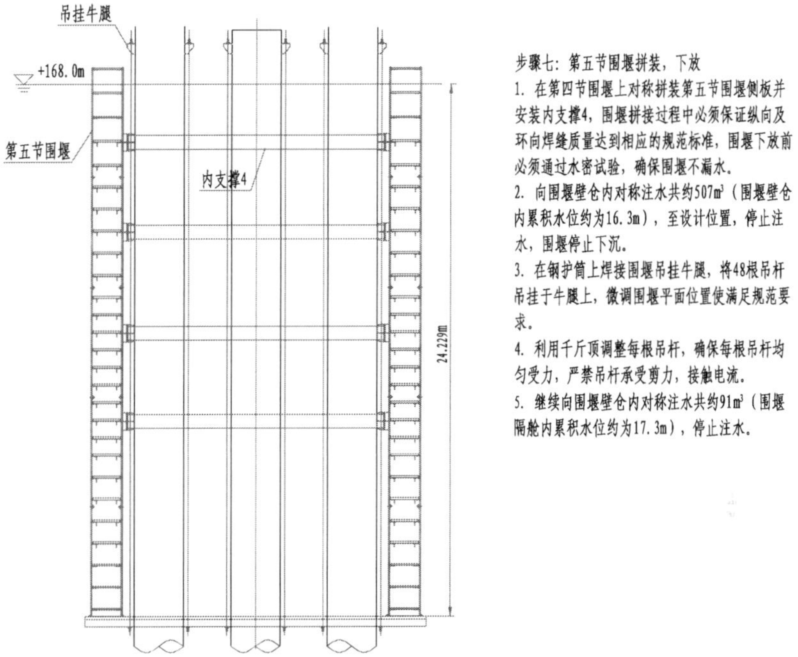

图 4.65　钢套箱围堰施工步骤七

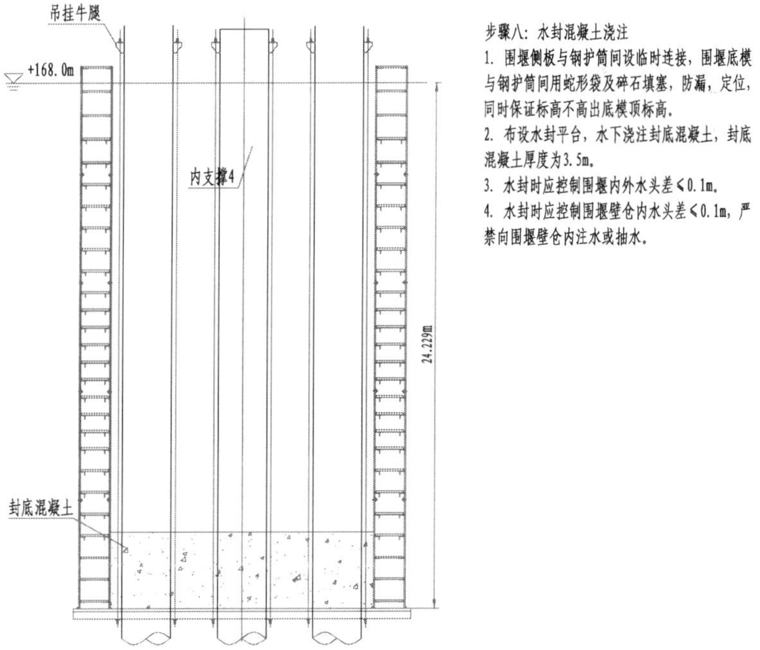

图 4.66　钢套箱围堰施工步骤八

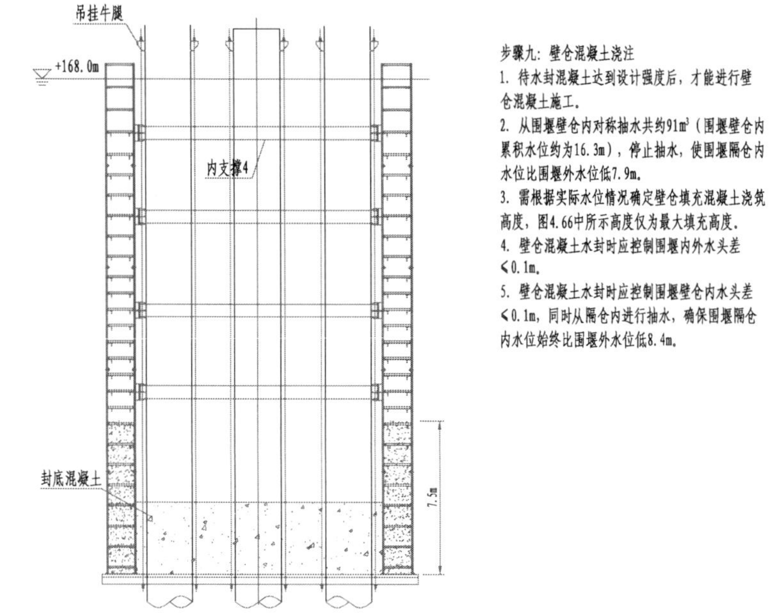

图 4.67　钢套箱围堰施工步骤九

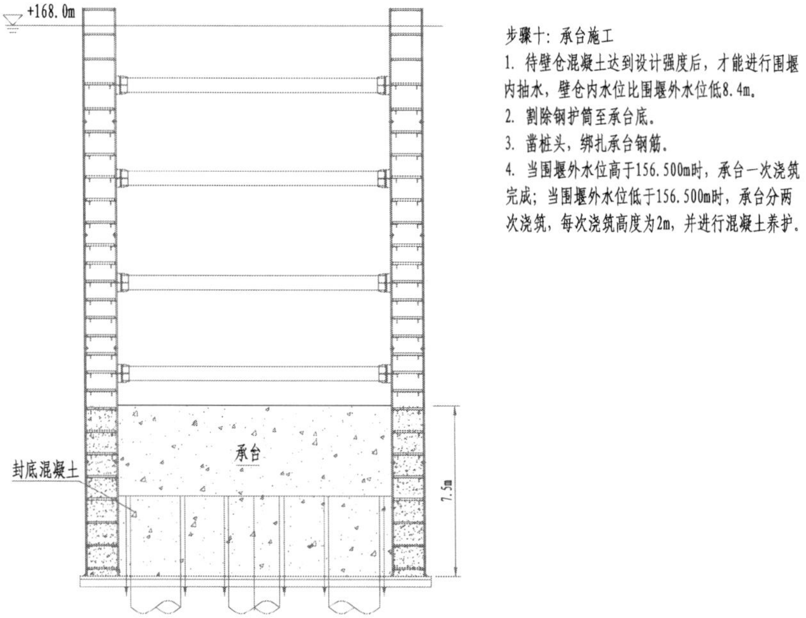

图 4.68　钢套箱围堰施工步骤十

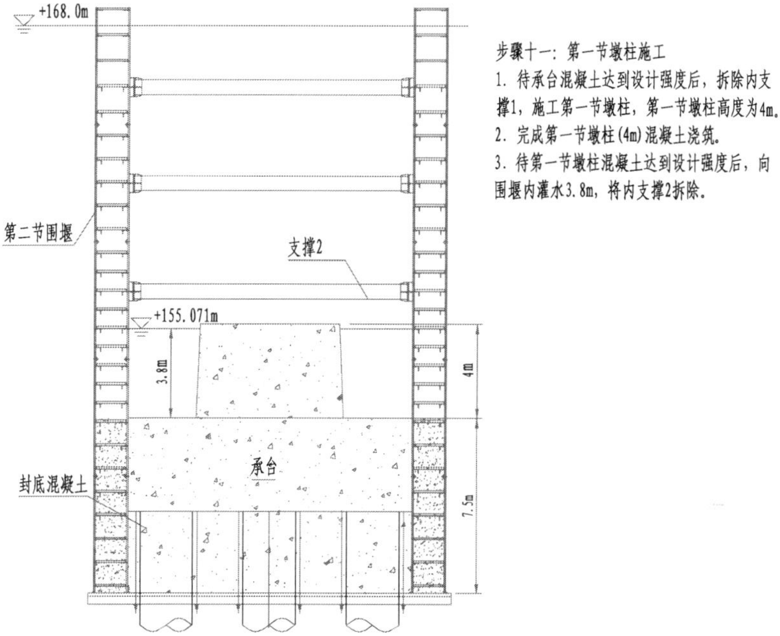

图 4.69　钢套箱围堰施工步骤十一

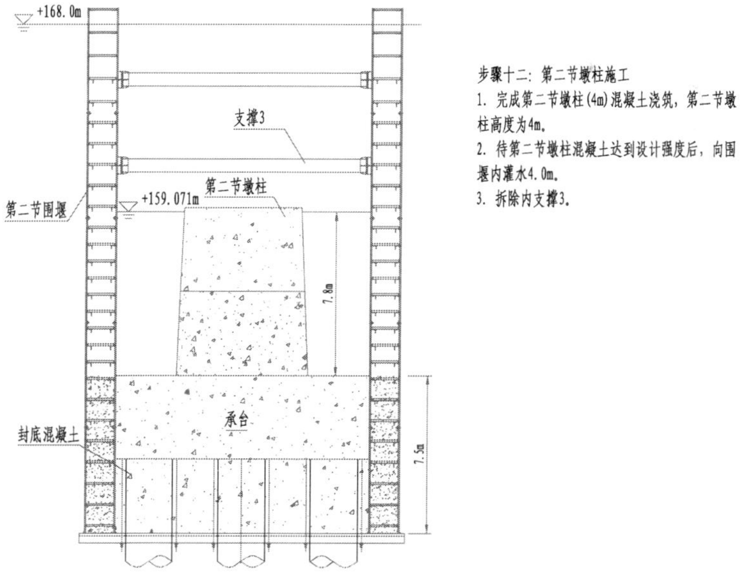

图 4.70　钢套箱围堰施工步骤十二

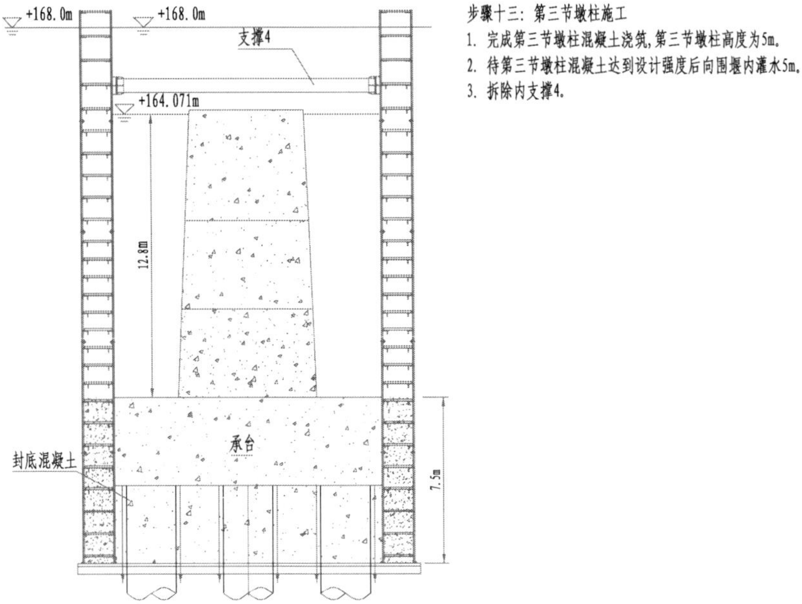

图 4.71　钢套箱围堰施工步骤十三

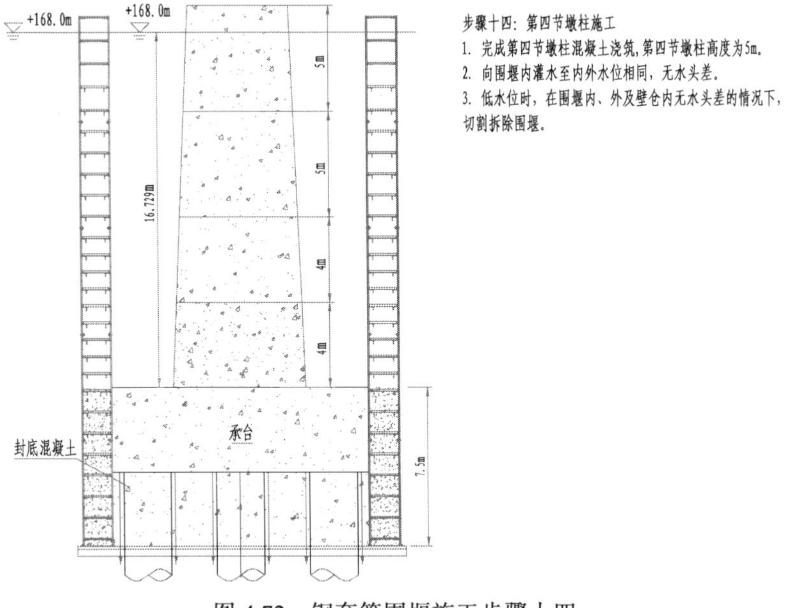

图 4.72　钢套箱围堰施工步骤十四

随着 BIM 技术的发展成熟，其在工程上的应用呈现逐年增加的趋势。建立 BIM 可以有效改善传统二维图纸的许多弊端，大大改善沟通环境，提高工作效率。施工者按照既定的施工方案对三维模型进行切分，对于三维模型中的时间、资源和位置等需求参数进行定义，通过计算机平台对围堰的建造过程进行模拟。在上述钢套箱围堰施工阶段，通过 BIM 技术的施工全过程模拟，优化施工方案，减少不连贯工序，达到可重复性利用的最佳排序。通过三维展示和动画虚拟演示整个围堰的施工过程，实现可视化交底动画文件，用于指导施工，如图 4.73 和图 4.74 所示。研究方案与现场技术交底可视化平台的实现，可以进一步提升沟通的效率，使项目各参与方交互较为直观、高效，便于项目管理。

图 4.73　BIM 三维动画模拟可视化施工过程和可视化交底

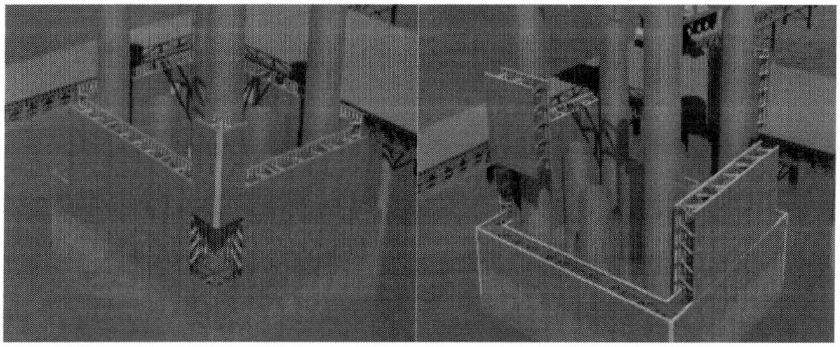

图 4.74　BIM 三维动画模拟和优化块段的安装顺序

4.5　BIM 在城市地铁施工临建疏导工程中的应用

随着我国城市化进程的加快，城市交通需求量急剧上升，导致交通拥挤和由此带来的环境与能源问题。在这种情况下，发展城市公共交通将是解决城市交通问题的最好方式，地铁是改善城市交通状况、缓解交通压力的一种重要大容量的公共交通出行方式。然而，地铁多位于城市主干道且施工占地面积大，在其施工期间多造成城市主干道交通拥堵问题，施工区域易形成交通堵点及交通瓶颈。为了保障城市道路交通正常运行，做好地铁站施工期间施工区域城市道路的交通疏散和管理工作，进行地铁站施工道路疏导方案设计具有重要的意义。而将 BIM 技术应用在城市道路交通疏导工程中具有极为重要的作用，通过 BIM 技术建立道路三维数字信息模型和交通疏解模型，主要包括城市道路模型、施工场地布置模型、周边构筑物模型、围挡模型和交通流模型等，可以有效地进行三维动态设计和分析。研究应用 BIM 技术，结合施工过程中各阶段的特点，模拟交通流变化，深化交通疏解方案，进行道路导改，预测施工中可能出现的问题和需要的方案，进行参数对比和优化研究，从而使地铁施工区道路交通组织和交通管理有序化，确保疏解方案设计达到预期效果，以供同类工程参考。

为了充分展示 BIM 技术在复杂地铁施工临建道路疏导工程中的应用优势，本节以某地铁站施工期间临建道路交通疏导为例，分析 BIM 的应用，其建模流程如图 4.75 所示。地铁站一般是建设在交通流量大、人员密集的地方，位于车辆疏通难的繁华区，用传统的方法解决交通疏通，很难形象地表达交通疏通意图。基于 BIM 技术的交通疏解动态模型，具有可视化、信息化，可以有效提高传统交通疏解的工作效率，优化决策交通疏解方案。

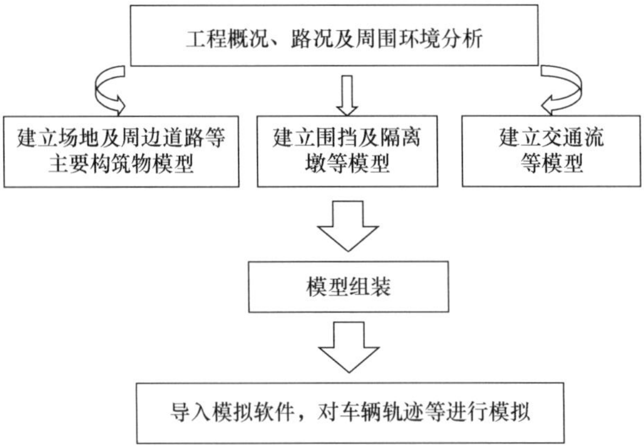

图 4.75　BIM 建模流程图

例如，某城市在建地铁站位于两次干路交叉口，车站结构形式为地下二层岛式单柱双跨车站，4 个出入口、2 组风亭井，主体及附属均采用明挖法施工。地铁站施工前交叉口道路平面布置如图 4.76 所示，这种传统方法是用二维图绘制，用线条并配上文字进行表达，具有空间局限性、不直观的特点。

因为 BIM 技术能够精确表达建筑及环境信息，所以应用 BIM 技术到城市交通疏解中能够对交通疏解方案进行直观展示，并可以实现交通疏解方案最优选择，确保行人行车的便捷与安全。本例中首先分析了地铁站环境条件尤其是道路条件、施工适用情况以及施工特点，确定了该站最适宜的施工方法，秉着适用经济的原则把该站施工影响降到最小，道路施工围挡对交通的影响降到最低。结合地铁站设计和交通调研，在施工方面选择适合的施工方法、围挡方式、平面布置等。

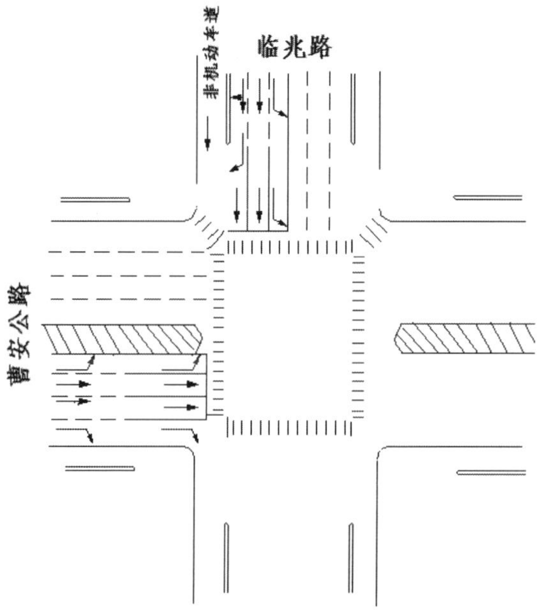

图 4.76　地铁站所在交叉口道路平面布置图(施工前)

根据前期的地铁站所在位置相关道路的交通调查，以及该站的施工方法和施工工期，将其相交路交通导改分为 4 个阶段。第 1 阶段进行围挡和车站主体施工。施工期间，曹安公路向南北两侧翻交，保证单侧便道宽度为 15m，交叉口渠化为 18m，供机动车双向 6、7 车道及行人非机动车通行；临兆路略向东侧偏移，围挡之间保证 25m 便道，供机动车双向 5 车道及行人非机动车通行。其交通导改流线图和施工围挡及场地布置平面图分别如图 4.77 和图 4.78 所示。应用 BIM 进行参数化建模，如图 4.79 所示。

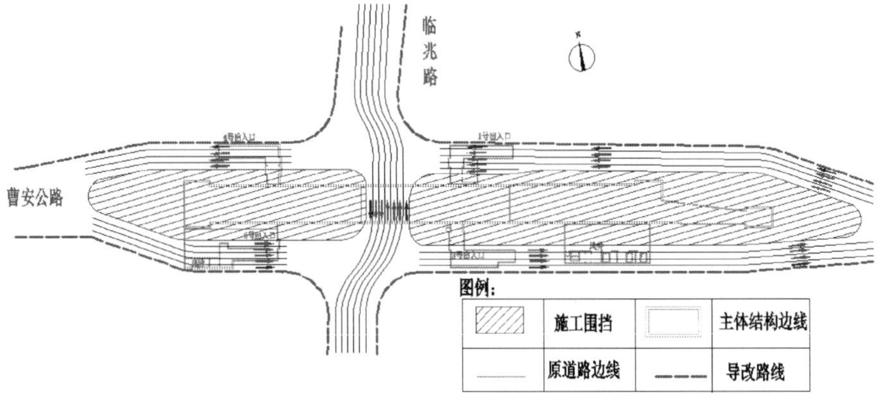

图 4.77 第 1 阶段施工交通导改流线图

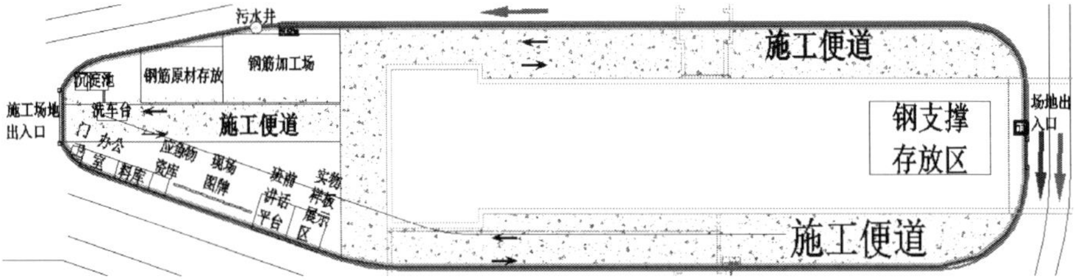

图 4.78 第 1 阶段施工围挡及场地布置平面图(西侧)

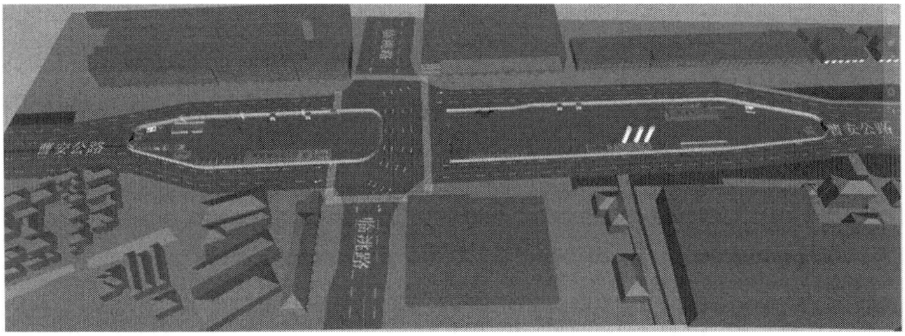

图 4.79 第 1 阶段施工围挡及场地 BIM 模拟图

第 2 阶段进行临兆路道口临时施工。施工期间，曹安公路基本维持第 1 阶段状况。临兆路向西侧翻交，围场之间仍旧保证 25m 便道，供机动车双向 5 车道及行人非机动车通行；其余各项措施维持第 1 阶段状况。其交通导改流线图和施工围挡及场地布置平面图分别如图 4.80 和图 4.81 所示。应用 BIM 进行参数化建模，如图 4.82 所示。

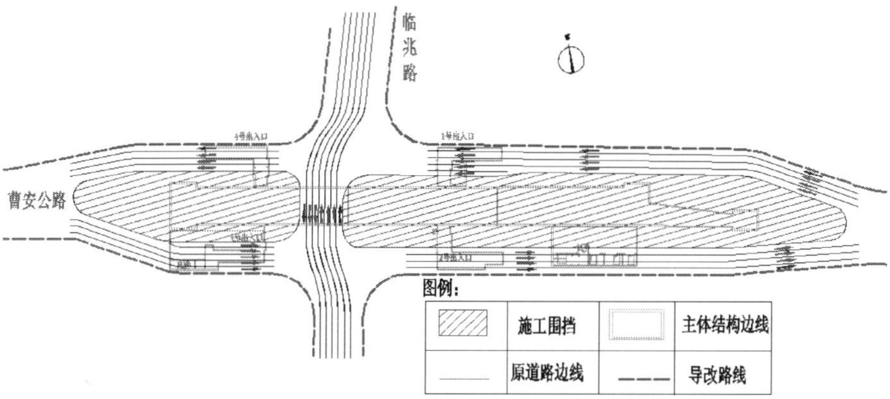

图 4.80　第 2 阶段施工交通导改流线图

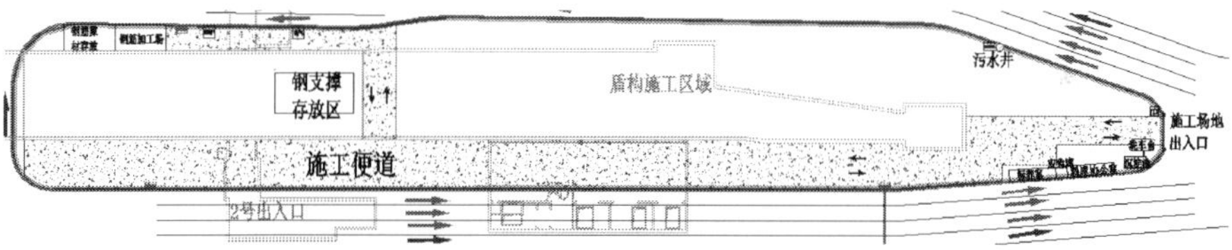

图 4.81　第 2 阶段施工围挡及场地布置平面图(东侧)

图 4.82　第 2 阶段施工围挡及场地 BIM 模拟图

第 3 阶段为南侧附属结构(车站 2 号、3 号出入口)施工。施工期间，曹安公路利用顶板向北侧翻交，保证 29～32m 便道宽度，供机动车双向 6、7 车道通行；两路交叉口基本恢复。其交通导改流线和施工围挡及场地布置平面图分别如图 4.83～图 4.85 所示。应用 BIM 进行参数化建模，如图 4.86 所示。

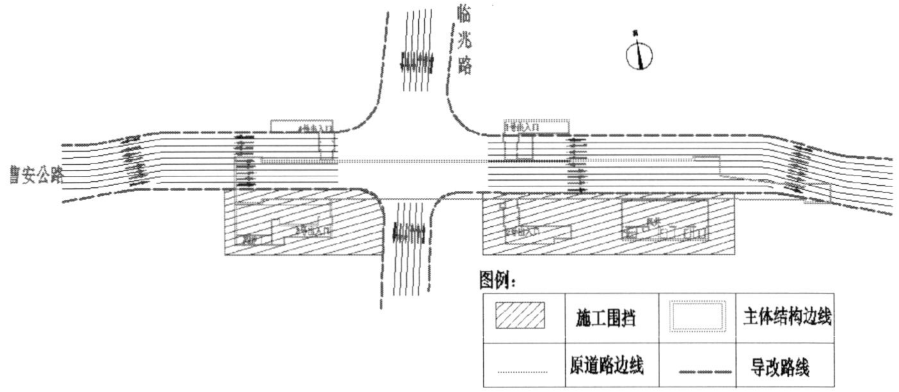

图 4.83　第 3 阶段施工交通导改流线图

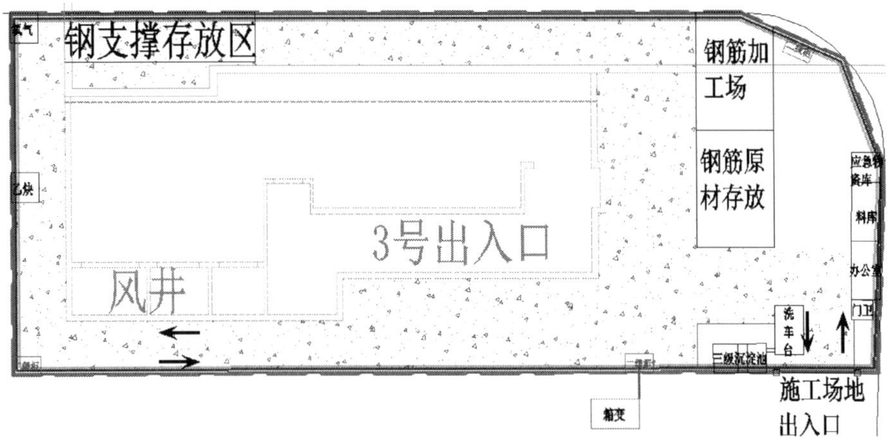

图 4.84　第 3 阶段车站 3 号出入口施工围挡及场地布置平面图

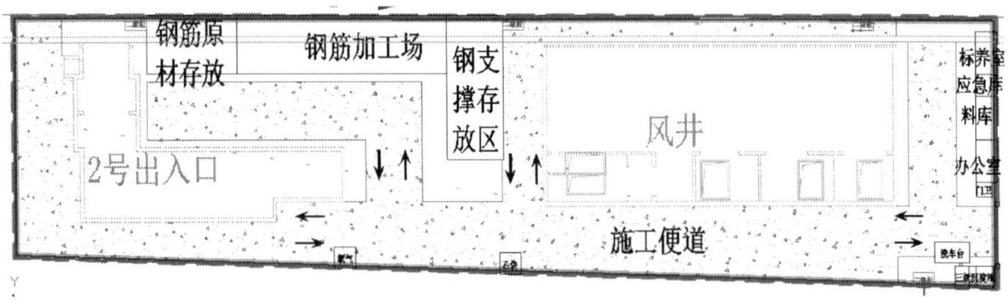

图 4.85　第 3 阶段车站 2 号出入口施工围挡及场地布置平面图

图 4.86　第 3 阶段施工围挡及场地 BIM 模拟图

第 4 阶段为施工北侧附属(车站 1 号、4 号出入口施工)。施工期间，曹安公路利用顶板向南侧翻交，便道宽度为 32m，供机动车双向 7 车道通行。其交通导改流线图和施工围挡及场地布置平面图分别如图 4.87～图 4.89 所示。应用 BIM 进行参数化建模，如图 4.90 所示。

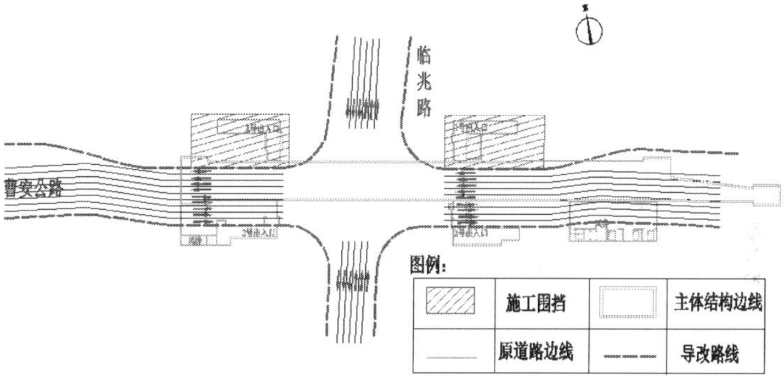

图 4.87　第 4 阶段施工交通导改流线图

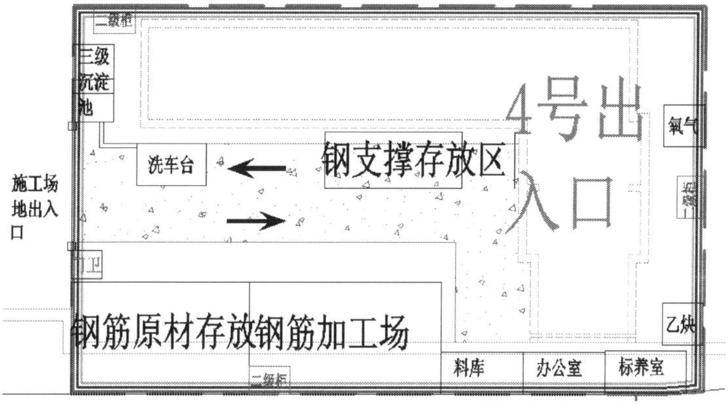

图 4.88　第 4 阶段车站 4 号出入口施工围挡及场地布置平面图

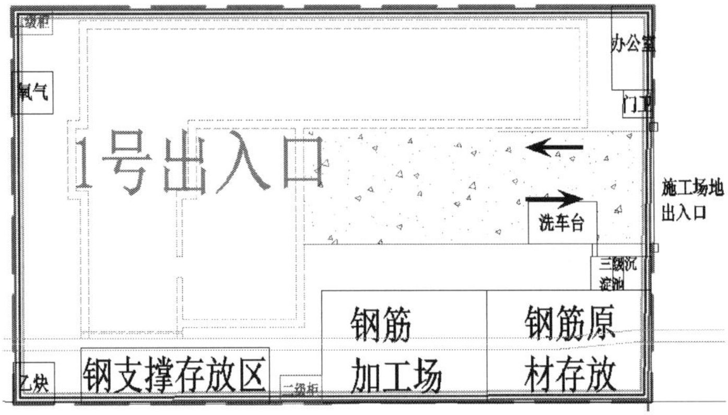

图 4.89　第 4 阶段车站 1 号出入口施工围挡及场地布置平面图

图 4.90　第 4 阶段施工围挡及场地 BIM 模拟图

利用 BIM 技术，将静态的既有道路、周围环境参数和动态的车流、工程建设变化参数等数据集成模拟，构建基于 BIM 技术的场地布置和交通疏解动态模型，将其可视化、信息化，可以有效提高传统交通疏解的工作效率，优化决策交通疏解方案。

第 5 章　BIM 应用价值与综合效益

我国“十三五”规划期间，已新建改建高速公路通车里程 3.1 万公里，新增城市轨道交通运营里程 3000 多公里。“十四五”规划期间，仍会加强“交通强国”的建设。《国家公路网规划(2013—2030 年)》和《中长期铁路网规划》中分别对我国的公路建设和铁路建设提出了明确的规划建设目标。国内各省市对于交通基础设施建设的步伐逐渐加快，未来公路、铁路建设市场发展潜力仍较大。由此可见，今后几年交通基础建设项目将持续增多，BIM 技术终会引入交通工程项目中。尽管目前 BIM 技术在道桥工程中的推广仍存在许多问题，但随着技术人员在实践中不断探索和研究，逐步将其规范化和标准化，其终将会为交通行业带来巨大发展。

例如，在某道路工程项目中，结合使用 Revit、Naviswork、Power Civil 等 BIM 软件，实现了施工深化的三维模型重构，形成一整段道路工程及周边环境模型，如图 5.1 所示。利用 BIM 软件的 4D 展示功能虚拟浏览，制作漫游动画以体现设计和施工效果，可将问题消灭在设计阶段并对施工进行有效指导。

图 5.1　项目综合信息模型

通过一系列对 BIM 自动生成图纸的修改，生成一套完整的桥梁施工图纸，并使其尽量满足规范所要求的出图要求及出图习惯。此外，为方便图纸管理工作及工作过程中的文档记录，可以把大量繁杂的信息进行有效组织，并进行精细化管理。

通过综合对比研究，桥梁部分选择 Autodesk Revit 作为项目系统的 BIM 平台。Autodesk Revit 中的所有图元都是基于族(family)的。“族”是 Autodesk Revit 中一个功能强大的概念，也是一个必要的功能，它不像其他一些效果模型那样仅仅是一个建筑表现，没有任何附加的关于项目的数据信息。Autodesk Revit 中的每个族图元都含有很多的参数和信息，如尺寸、形状、类型、材质、可见性和其他的参数变量设置。由于族图元具有如此多的参数，使用者才能在模型完成之后提取与其相关的工程量和工程信息。也正是因为这样，族的制作非常烦琐、工作量大，制作族是 Autodesk Revit 建模中占用时间较长的一个环节。如果事先拥有大量的族文件，或是像系统族文件一样具有参数，设计人员就不必另外花时间制作族文件，并赋予参数，而是直接导入相应的族文件，或者进行简单的修改便可直接应用于项目中。这样，设计人员将不再需要把精力大量花费到三维建模中，而是专注于发挥本身的特长，这将对设计工作进程和效益有很大的帮助。基于这项考虑，本项目中将类型近似、重复利用率较高的族图元均制作为参数化族，这不但节省了本项目中的建模时间，也可以作为技术储备，建立自己的族库(图 5.2)，为今后的再建项目节约资源，提升经济效益。

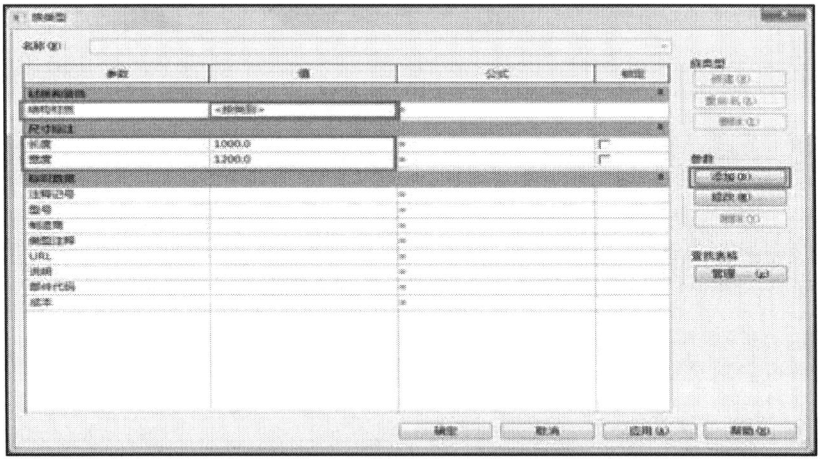

图 5.2　参数化族

以 BIM 技术为平台，将项目信息融合、互通，更有利于项目的可视化施工管理。道桥工程中 BIM 技术的应用，在施工进度、成本管理、物料管理与质量安全管理方面均实现 4D 动态集成管理，将会更加有助于不同标段之间的衔接和沟通。

5.1 变更管理

工程变更(engineering change, EC)，指的是针对已经正式投入施工的工程进行的变更，即在工程项目实施过程中，按照合同约定的程序对部分或全部工程在材料、工艺、功能、构造、尺寸、技术指标、工程数量及施工方法等方面做出的改变。工程变更主要是工程设计变更，但施工条件变更、进度计划变更等也会引起工程变更。

设计变更(design alteration)是指设计部门对原施工图纸和设计文件中表达的设计标准状态的改变和修改。设计变更和现场签证(site visa)两者的性质是截然不同的。现场签证是指业主与承包商根据合同约定，就工程施工过程中涉及合同之外的实施额外施工内容所做的签认证明，具有临时性和无规律性等特点，涉及面广，如设计变更、隐蔽工程、材料代用、施工条件变化等，它是影响工程造价的关键因素之一。凡属设计变更的范畴，必须按设计变更处理，而不能以现场签证解决。

更改的时间和因素可能是无法掌控的，但变更管理可以减少变更带来的工期和成本的增加。设计变更直接影响工程造价，例如，施工过程中反复变更待图会导致工程工期和成本的增加，而变更管理不善将导致进一步的变更，使得成本和工期目标处于失控状态。BIM 的应用将有望改变这一局面。

美国斯坦福大学整合设施工程中心根据对 32 个项目的统计分析总结了使用 BIM 技术后产生的效果，认为它可以消除 40%预算外更改，即从根本上减少变更的发生。可视化建筑信息模型更容易在形成施工图前修改完善，设计师直接用三维设计可以更容易发现设计错误，修改也更容易。三维可视化模型能够准确地再现各专业系统的空间布局、管线走向，可提高设计深度，实现三维校审，大大减少“错、碰、漏、缺”现象，在设计成果交付前消除设计错误，可以减少后续的设计变更。而传统的二维设计中“错、碰、漏、缺”现象几乎是不可避免的。使用二维图纸进行协调综合时，往往是事倍功半，需要花费大量的时间去发现问题，却只能发现部分表面的问题，很难发现深层次隐蔽性和根本性问题，必然会带来工程后续的大量设计变更。

BIM 能增加设计协同能力，更容易发现问题，从而减少各专业间的冲突。

一个工程项目设计涉及总图、建筑、结构、给排水、电气、暖通、动力，除此之外包括许多专业分包如幕墙、网架、钢结构、智能化、景观绿化等，它们之间如何交流协调协同？如果用 BIM 协调流程进行协调综合，那么协调综合过程中的不合理方案或问题方案也就不会出现了，使得设计变更大大减少。BIM 技术可以做到真正意义上的协同修改，大大节省开发项目的成本。BIM 技术改变了以往“隔断式”设计方式、依赖人工协调项目内容和分段交流的合作模式，而变成平行、交互的方式。由于单个专业的图纸本身发生错误的比例较小，故各专业之间设计的不协调、设计和施工之间的不协调是设计变更的主要原因。通过 BIM 应用的协调综合功能可以解决这些问题。

在施工阶段，即使发生变更，如果是共享 BIM，那么用 BIM 进行管理就可以实现对设计变更的有效管理和动态控制。通过设计模型文件数据关联和远程更新，BIM 随设计变更而即时更新，消除信息传递障碍，减少设计师与业主、监理、承包商、供应商间的信息传输和交互时间，从而使索赔签证管理更有时效性，实现造价的动态控制和有序管理。

对于频繁变更，工程从业人员也早已习以为常了。工程变更造成的影响是全方位的，并非局部的，尤其是对工程造价、进度和质量的影响尤为深远。然而，当前许多项目工程变更管理极其混乱，毫无章法和条理，因此工程变更更多是带来许多负面影响。

设计变更不仅是设计师一个人的痛苦，施工人员和造价工程师等的劳动成果也将变成无效劳动。以往由于信息滞后，收到变更之时即为施工完成之时，许多工作只好推倒重来，其浪费是惊人的。造价工程师也常为此非常苦恼，刚刚计算完成又发生设计变更，只好重新计算。BIM 技术的应用可使这些变更苦恼一去不复返。

对于变更的追溯，BIM 可在三维模型中同时体现工程变更前和变更后的状态，以便于参与工程的各方随时追溯变更的内容及影响。

5.2　成本控制

5.2.1　基于 BIM 的成本控制应用研究

对于工程项目，预算超支现象十分普遍，有多达三分之二的项目竣工决算是超过预算标准的。造成预算超支的原因很多，其中造价工程师因缺乏充分时间来精确计算工程量和了解造价信息而导致成本计算不准确，是造成成本超支的重要原因。造价工程师在进行成本计算时，要么需手工计算工程量，要么将图纸导入工程量计算软件进行计算，但不管哪一种方式都需要耗费大量的时间和精力。研究表明，工程量计算的时间在整个造价计算过程中占到了 50%～80%。工程量计算软件虽在一定程度上减轻了造价工程师的工作强度，但在计算过程中同样需要将图纸重新导入工程量计算软件，这种工作方式常常会因人为错误而增加风险。

将在 BIM 三维系统平台中获取的工程量与成本等相关信息，与施工计划中的起始、预计完成时间等进行融合，如图 5.3 所示。与此同时，相关平台系统会根据施工的进度情况，制订需要的资金需求计划。BIM 系统参数信息和三维模型的结合，可以将处于不同时期的工程情况资金需求明确地显示出来。同时，可以对各阶段成本进行整理与核算，使成本数据库能够更加多元化，从而真正落实动态管理。

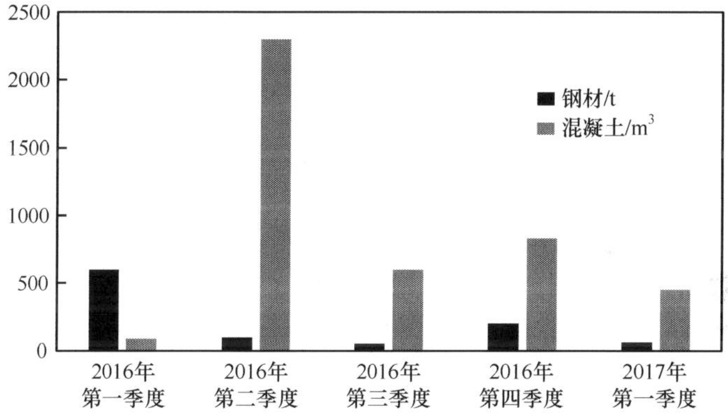

图 5.3　工程量计算

5.2.2　BIM 技术成本控制优点

1. BIM 自动化算量可解放劳动力

基于 BIM 的自动化算量方法将造价工程师从烦琐的劳动中解放出来，为造价工程师节省更多的时间和精力用于更有价值的工作上，如询价、评估风险等，并可以利用节约的时间编制更精确的预算。

2. BIM 自动化算量更加准确

工程量计算是编制工程预算的基础，但计算过程非常烦琐，造价工程师容易因人为原因造成计算错误，影响后续计算的准确性。BIM 自动化算量功能可以使工程量计算工作摆脱人为因素影响，得到更加客观的数据。

3. BIM 自动化算量更加快捷

基于 BIM 自动化算量方法可以更快地计算工程量,及时地将设计方案的成本反馈给设计人员，便于在设计的前期阶段对成本进行控制，传统的工程量计算方式往往因耗时太多而无法及时地将设计对成本的影响反馈给设计人员。

4. BIM 自动化算量能更好地应对设计变更

在传统的成本核算方法下，一旦发生设计变更，造价工程师需要手动检查设计变更，找出对成本的影响，这样的过程不仅缓慢，而且可靠性不强。BIM 软件与成本计算软件的集成将成本与空间数据进行了一致关联，自动检测哪些内容发生变更，直观地显示变更结果，并将结果反馈给设计人员，使他们能清楚地了解设计方案的变化对成本造成的影响。

5. 基于 BIM 的材料控制

传统的材料管理模式就是企业或者项目部根据施工现场实际情况制定相应的材料管理制度和流程，这个流程主要依靠施工现场的材料员、保管员、施工员完成。施工现场的多样性、固定性和庞大性，决定了施工现场材料管理具有周期长、种类繁多、保管方式复杂等特殊性，这些特性决定了施工现场材料管理具有以下特点。

(1) 施工周期长决定了施工现场材料管理周密复杂、露天保管多。

(2) 施工过程不确定性决定了现场材料管理变化多端，往往计划赶不上变化。

(3) 专业工种多决定了现场材料品种繁多，小到一个螺丝钉、大到上百吨甚至更多的大宗材料。

传统的材料管理模式存在以下问题。

(1) 核算不准确，要么造成大量材料现场积压、占用大量资金、工程成本上扬，要么停工待料，无法满足预定工期要求。

(2) 材料申报审核不严造成错误采购，损失大量资金。

(3) 变更签证手续办理不及时导致变更手续失效，最后与业主扯皮，甚至造成没必要的损失。

基于 BIM 的材料控制(图 5.4)包含大量信息，不仅包括工程构件的信息，还包括构件的工程量信息，如钢筋用量、混凝土用量等。利用 BIM 可以进行精确工程量统计，如结构物的混凝土方量、钢筋用量。提取哪一部分就在模型中选中相应构件即可得到准确的工程量信息。基于 BIM 的材料精确提取可以严格控制现场的材料消耗，做到用多少领多少，实现对材料的控制严格把控。

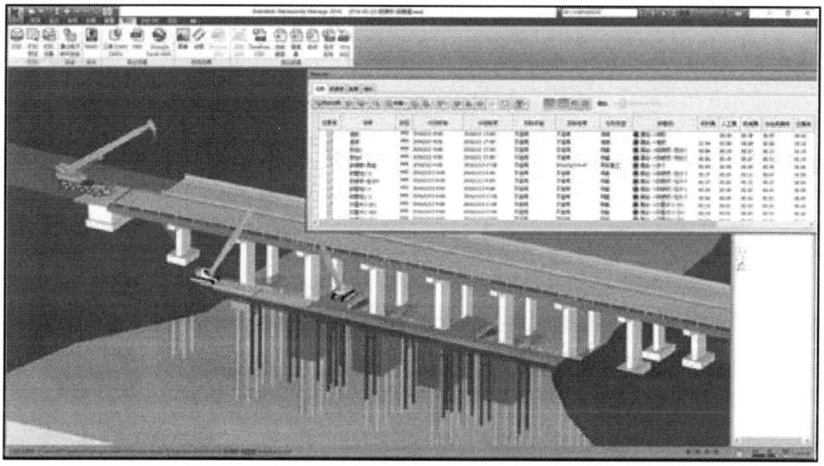

图 5.4　材料消耗实时管理

5.3　施工进度管理

国外对 BIM 技术在施工进度管理中的应用研究开展较早，研究的一个重要方面是如何把时间维度合理地与三维建筑信息模型集成，以实现 4D 模拟技术。1996 年，美国斯坦福大学整合设施工程中心第一次提出 4D 雏形，经过多次尝试，成功演示用计算机对施工过程进行可视化模拟的过程，采用的主要方法是在三维模型中插入时间进度。要想将模型单元与具体活动建立联系，可以通过升级 4D 平台的办法实现，操作者可以为任何模型单元与任何活动流程建立联系并写入规则，实现 4D 模型联动，降低人工操作的难度。接着，美国斯坦福大学整合设施工程中心研制出可以调整构件碰撞的 4D 建造模型系统，该系统由碰撞测定仪、4D 模拟器和调整器三部分构成，分别完成构件碰撞检测、建造模拟、劳动率修改和工期计划。美国斯坦福大学整合设施工程中心于 2003 年研制了新一代 PM4D 系统，该系统不仅可以实现建造过程的三维可视化，还可以实现 4D 模拟施工，并能够对成本进行预算分析、对环境进行评价等。4D 理论提出后，Bechtel 公司还研发了一款施工进展模拟工具——4D-Planner，来协助项目管理者对工程进行快捷、有效、便利地计划与管理。只需把三维模型与进度文件导入 4D-Planner，模型与进度即可关联生成模拟施工文件。此外，英国 Strathclyde 大学于 1997 年提出的 PROVISYS 模型也是 4D 研究领域的一个代表，该模型在模拟施工过程和进度方面更逼真、更灵活，但管理施工计划的作用比较弱。

以上成果大部分是以 CAD 平台为基础进行的开发，但由于 CAD 平台具有 3D 功能，建模过程需要消耗大量的人力和精力，而且模型还不是严格意义上的三维信息模型，所以 CAD 平台并不适用于 4D 技术的开发。相对而言，BIM 可以应用于任意阶段甚至持续应用于项目的全生命周期，这是因为 BIM 是基于 IFC 标准构件的，它具备创建和修改 3D 模型的功能，通过它可以直接、快捷、方便地生成面向对象的数字化 3D 模型。这也是 BIM 的价值体现。基于 BIM 的 4D 模型可以在进度管理中发挥巨大作用，如编制计划、控制进度、施工模拟等都可以通过 4D 模型实现，如图 5.5 所示。

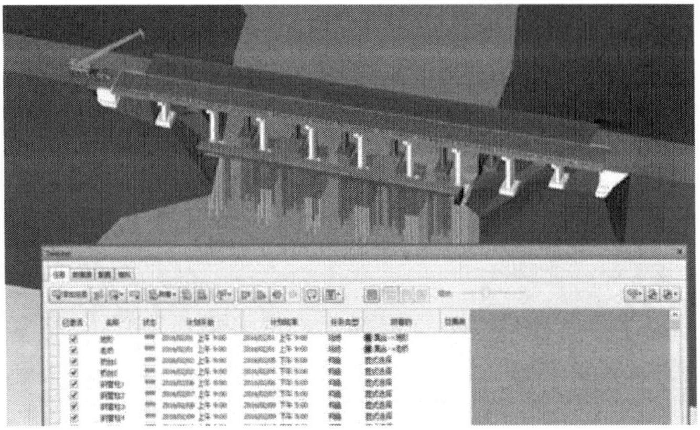

图 5.5　施工进度管理

在 3D 模型空间上增加时间维度，可形成 4D 模型，用于项目进度的管理，4D BIM 的建立是 BIM 技术在进度管理中核心功能发挥的关键。4D 施工进度模拟通过施工过程模拟对施工进度、资源配置以及场地布置进行优化。过程模拟和施工优化结果在 4D 的可视化平台上动画显示，用户可以观察动画验证并修改模型，对模拟和优化结构进行比选，选择最优方案。

具体应用步骤如下。

1. 建立建筑工程 4D 信息模型

建立建筑工程 4D 信息模型可以分为三个步骤，首先创建 3D 建筑模型，然后建立建筑施工过程模型，最后把建筑模型与过程模型关联，建立施工数据集成和信息管理。

2. 4D 施工管理系统

在 BIM 软件操作界面中，实现 4D 施工模型的动态管理，其主要功能为可实时查看任意起止时间、时间段、工程段的施工进度。模型上的不同颜色代表了不同的工作，已完工的用特殊颜色标记。另外，可实时查看图像平台上的任意构件、构件单元或工程段等任意施工对象的施工状态和工程属性信息，如当前工作的计划起始时间、持续时间、施工工艺、承揽单位和任务量等。对施工对象的持续时间和目前施工情况进行修改，系统会根据项目进展自动调整进度数据库，修改进度计划，并即时更新呈现 4D 图像。

当 4D 模型或进度计划发生改变时，系统会自动更新数据，重新进行劳动力、机械、材料等施工资源的计算和调配，资源配置始终与施工进度计划关联，协调时间的同步性，实现基于进度计划的资源动态管理。

施工企业工程项目进度管理的传统技术有以下两种。

(1) 项目进度计划制订的技术包括横道图、网络计划技术、关键链法。

(2) 项目进度控制的技术包括横道图比较法、S 形曲线比较法、蕉形曲线比较法、前锋线比较法、列表比较法等。

施工企业在工程项目中的进度管理存在以下问题。

(1) 在进度管理中，施工单位是编制进度计划的主体，施工单位依照以往的从业经验快速地编制项目施工方案的初稿，制订可行的总体进度计划。

(2) 项目的参与单位众多，它们之间的沟通往往不能协调一致。由于进度偏差的表现形式很多，所以偏差信息的传递途径也有很多，现在的进度管理组织形式隔绝了信息在组织内部的交流，只有在定期召开的协调会议上，各个部门的进度控制工程师才能沟通信息。传统施工进度控制方法从时间上来说是属于事后控制，管理者往往是在实际进度已经偏离了计划进度的情况下才制定出各种纠偏措施，然后措施指令经过层层传递到达操作端后纠偏措施才会被执行，从出现偏差到发现偏差、从制定纠偏措施再到具体执行，这个过程至少要耗费一周的时间。也就是说，影响进度偏差的因素已经存在了，到发现时已经过去了一段时间，然后制定相应补救措施，传达措施指令并执行实施又过了一段时间，当初的“病因”可能已经发生改变，这就会造成“药到”却无法“病除”的问题。所以，不能在发现问题时立即做出决策，无法实现动态的进度控制是传统进度管理方法最大的弊端。

据 Autodesk 公司的统计，利用 BIM 技术可改善项目产出和团队合作 79%的问题，三维可视化更便于沟通，可提高企业竞争力 66%，减少 50%～70%的信息请求，缩短 5%～10%的施工周期，减少 20%～25%的各专业协调时间。可见，BIM 技术的价值是巨大的。具体地说，施工过程中使用 BIM 技术有以下价值。

(1) 基于 BIM 的集成化施工进度管理提供了信息交换的平台，显著增加了参与项目的各方之间的交流和互动，通过 4D 施工信息模型可以进行实时信息查询，提升了施工进度管理效率。

(2) 利用 BIM 对建筑信息的真实描述，进行构件和管线的碰撞检测并优化设计，对施工机械的布置进行合理规划，在施工前尽早发现设计中存在的矛盾以及施工现场布置的不合理，可避免“错、缺、漏、碰”问题和方案变更，提高施工效率和质量。

(3) 通过真实观察、动态可视的施工全程模拟和关键环节的施工模拟，可以展示多种施工计划和工艺方案的实操性，择优选择最合适的方案。基于 BIM 的施工安全分析和矛盾分析，有利于提前发现并解决施工现场的安全隐患和碰撞冲突，提升工程的安全等级。

(4) 合理计划并精确控制施工进度，动态配置施工资源，合理布置施工场地，保证资源供给和作业空间，可减少或避免进度延误。支持基于施工进度的工程量、资源、成本等信息的即时检查和计算分析，有利于加强管理者对工程实施进度、资源、成本的控制。

(5) 施工阶段建立的工程信息模型，可在项目竣工后继续用于运营维护的信息化物业管理，为项目设计阶段、施工阶段和运营维护阶段的数据交流提供平台，实现贯穿项目整个生命周期的数据交互。

(6) 加快进度，缩短工期。通过 BIM 技术，能够增强团队协作、颠覆传统的项目管理模式，实现动态管理。另外，可通过构件场外预制、材料提前准备来减少施工中的闲置时间，加快工程进度，大大缩短工程工期。

(7) 更加精确可靠的项目概预算。基于 BIM 的工程量计算比基于 CAD 图纸的更准确、简洁，预算也就更加准确、高效。

(8) 提高工作效率、节约成本。使用 BIM 技术可显著提高项目各参与方的信息交流和互动合作，使决策可以全局考虑后在很短时间内制定并传达执行，减少拖延的时间、降低返工次数。BIM 技术还支持新兴生产工艺的引入，如场外构件预制、BIM 作为施工文件等，大大提高了工作效率、降低了成本。

(9) 有利于项目的创新性。采用 BIM 技术可以对传统项目管理进行优化，如集成化项目管理体系下，各参与方尽早尽快参与设计，多方参与的模式有利于先进技术与经验的引入，提高项目的可操作性，实现项目的创新与成熟并行。

(10) 方便后期管理与维护。利用 BIM 技术在竣工后可作为物业运营与维护的数据库。

5.4 综合效益

由于尚未有一个合适的平台可以完全适用于不同的工程，项目实施过程中根据项目工程的特点，采用多个软件操作平台，包括采用 Autodesk Revit 平台进行桥梁建模，采用 Power Civil 平台进行公路建模，不同平台间可以平滑连接整合，如采用了 Autodesk Navisworks(施工管理和 4D 模拟)和 Lumion(可视化交底和动画展示),并且利用 Revit 的 API 接口开发了基于 BIM 的可用于后期施工监测和运维阶段监测的数据接口。通过开展 BIM 技术研究与应用，可在以下几个方面取得一定的效益。

1. 提升项目设计质量

在建模阶段，通过三维可视化以及 BIM 的碰撞检查等技术手段，可以大大减少设计上的内容不一致、存在干涉等细节问题，可实现精细化的项目设计。按照一定建模细度的要求建立的设计模型，可以直接生成施工图纸，统计各种材料表，减少设计中的统计错误和工作量大的问题，大幅度提升设计质量，如图 5.6 所示。

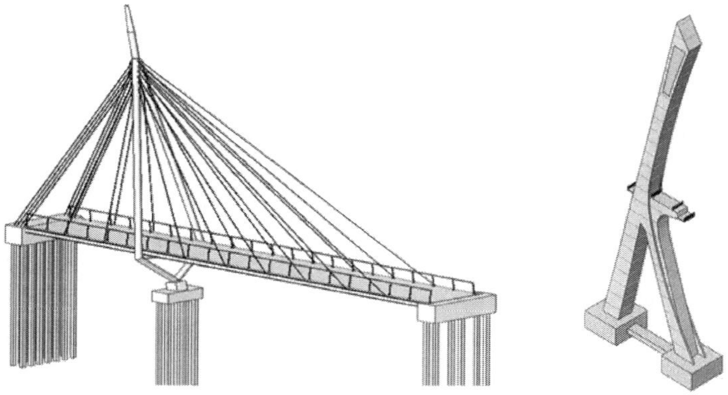

图 5.6 高质量设计效果

2. 可视化设计交底和施工模拟

基于项目的三维 BIM 可视化设计交底，如图 5.7 所示。由图可知，设计中的难点和关键点可以比较直观地展示出来，方便进行施工模拟和施工交底。4D 施工模拟技术为设计方案在施工过程中可能遇到的问题以及施工方案的可行性和优化施工方案提供了可行手段，可进一步降低项目成本，获得项目收益。因此，4D 施工模拟技术的运用，起到了虚拟建造、优化施工方案的作用，经过对比分析和 BIM 的施工模拟分析很好地解决了施工难点，为后续顺利施工提供了保障。

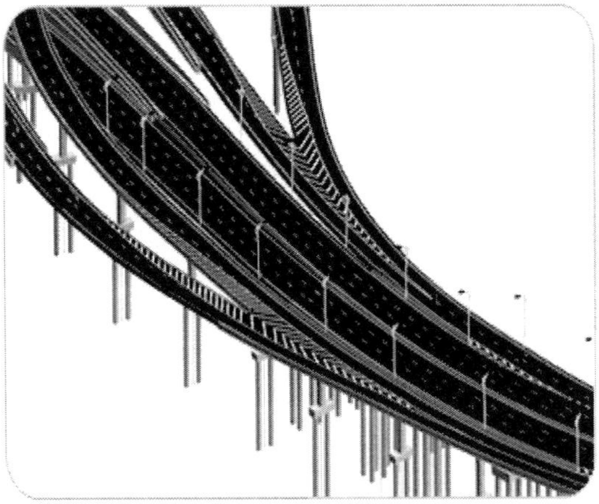

图 5.7 可视化设计交底

3. 成本控制

基于 BIM 的工料计算相比于基于二维图纸的预算更加准确。更多的工作由计算机完成，便于校核直接生成项目成本，为业主控制成本提供了方便。BIM 技术基于模型的成本控制，不仅可以实现精确统计工程量，还可以跟踪设计变更中的成本变化，实现有效的成本控制。

4. 项目全生命周期应用

从单一设计交付专项工程到全生命周期支持，对于道路桥梁设计行业，采用 BIM 技术不仅仅意味着效率和质量的提升，更重要的是设计方掌握了工程项目的核心信息资源，不仅为业主提供了设计服务，而且向全生命周期内各个工程参与方提供了高附加值的服务与咨询，使工程潜在价值向设计阶段前移。项目全生命周期应用如图 5.8 所示。

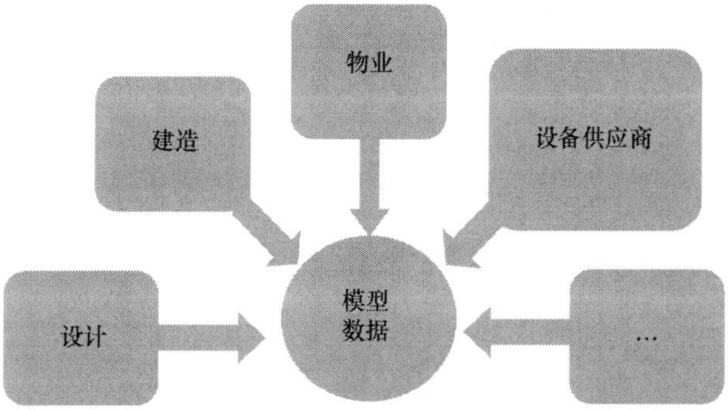

图 5.8　全生命周期应用

通过开发模拟数据接口，打通了 BIM 和后期应用的数据接口，在施工阶段的重要监测数据可以通过接口与 BIM 关联，设置预警关键点，实现施工阶段的质量监控；BIM 技术与工程项目的结合为企业技术的全面升级提供了契机，从设计、施工、运维等方面对企业自身技术的提高和实践提出了新要求，在提升企业技术活力、增强自身技术竞争力等方面有积极的指导作用。

目前 BIM 技术的应用多集中在建筑工程、市政工程(地铁车站)等领域，并且主要应用在施工阶段，主要应用点在碰撞检查、工程量计算、施工方案模拟、管线综合等方面。BIM 技术的应用涵盖了设计阶段(协同设计、设计可视化)、施工阶段(4D 施工模拟、可视化施工交底)和运维阶段(设备管理、安全监测、健康评估)等诸多重要应用点，尤其是在桥梁和公路工程领域的成功运用，实现了 BIM 技术从以往点状工程、单一阶段到包含线路、桥梁结构物、路基路面、标示标线等综合型工程、项目全生命周期应用的突破，走在了行业前列。

5. 实现了 BIM 技术与工程项目精细化管理的有机结合

由于 BIM 本身所具有的参数化、信息化、可视化等特点，它包含的信息非常丰富，在项目实施的不同阶段、参与项目建设和管理的不同方均可通过 BIM 管理平台提取所关注的各种实时信息，自动化程度和准确率都很高，更加有利于对项目的成本、工期、进度、安全、质量等方面实现精细化管理，且大大提高工作效率。

6. BIM 技术的应用更加有利于生态环保设计理念的实现

通过建立整体道路的 BIM 三维效果模型(图 5.9)，可真实构建和展现项目的地形、地貌、地质及所在国家的社会环境和人文环境等信息。另外，在线形设计、桥梁结构、路基边坡及沿线设施等设计过程中尽量尊重沿线地形地貌条件，符合当地居民的习惯观感，可做到项目设计与自然环境、人文环境、社会环境的协调统一。通过 BIM 技术还优化了部分地段不合理平纵线形和平竖搭接，以减少车辆不必要的耗能行驶和尾气污染，整体设计与当地自然景观融为一体。

图 5.9　整体道路的 BIM 三维效果模型

参考文献

[1] 何关培. BIM 总论[M]. 北京：中国建筑工业出版社, 2011.

[2] 何清华, 钱丽丽, 段运峰, 等. BIM 在国内外应用的现状及障碍研究[J]. 工程管理学报, 2012, 26(1): 12-16.

[3] Wei W, Issa R, Pan J. The status of BIM application in China's AEC industry[J]. Journal of Building Information Modeling, 2010: 35-37.

[4] 张建新. 建筑信息模型在中国工程设计行业中应用障碍研究[J]. 工程管理学报, 2010, 24(4): 387-392.

[5] 郑国勤, 邱奎宁. BIM 国内外标准综述[J]. 土木建筑工程信息技术, 2012, 4(1): 32-34.

[6] 王凯. 国外 BIM 标准研究[J]. 土木建筑工程信息技术, 2013, 5(1): 6-16.

[7] 何关培. 实现 BIM 价值的三大支柱——IFC/IDM/IFD [J]. 土木建筑工程信息技术, 2011, 3(1): 108-116.

[8] 吴伟, 叶凌. 美国建筑行业 BIM 发展浅析[J]. 建设科技, 2018, (23): 89-94.

[9] Eastman C, Teicholz P, Sacks R, et al. BIM Handbook[M]. 2nd ed. New Jersey: John Wiley & Sons, 2010.

[10] Yang D, Eastman C M. A rule-based subset generation method for product data models[J]. Computer-Aided Civil and Infrastructure Engineering, 2007, 22(2) : 133-148.

[11] Singh V, Gu N, Wang X. A theoretical framework of a BIM-based multi-disciplinary collaboration platform[J]. Automation in Construction, 2011, 20(2): 134-144.

[12] Zhang J P, Hu Z Z. BIM-and 4D-based integrated solution of analysis and management for conflicts and structural safety problems during construction: 1. Principles and methodologies[J]. Automation in Construction, 2011, 20(2): 155-166.

[13] Hu Z Z, Zhang J P. BIM-and 4D-based integrated solution of analysis and management for conflicts and structural safety problems during construction: 2. Development and site trials[J]. Automation in Construction, 2011, 20(2): 167-180.

[14] 欧阳东, 王春光, 曹颖, 等. 新加坡 BIM 技术应用考察报告[J]. 建设技艺, 2016, (7): 92-95.

[15] 刘懿韬. BIM 技术发展及其在水利工程中的应用[J]. 水利规划与设计, 2019, (10): 64-66, 132.

[16] 王陈远. 基于 BIM 的深化设计管理研究[J]. 工程管理学报, 2012, 26(4): 12-16.

[17] 侯明涛, 綦峰, 许玉磊. BIM 技术在沉箱浮游稳定计算中的应用[J]. 中国港湾建设, 2016, 36(5): 6-8.

[18] 张江波. BIM 的应用现状与发展趋势[J]. 创新科技, 2016, 191(1): 83-86.

[19] 张建平, 李丁, 林佳瑞, 等. BIM 在工程施工中的应用[J]. 施工技术, 2012, 41(16): 10-17.

[20] 李红学, 郭红领, 高岩, 等. 基于 BIM 的桥梁工程设计与施工优化研究[J]. 工程管理学报, 2012, 26(6): 48-52.

[21] 肖成志, 薛鑫磊. BIM 技术应用的研究现状及发展趋势[J]. 建筑技术, 2019, 50(7):

798-800.
[22] 殷爱国, 刘明辉. BIM 技术在交通领域应用分析[J]. 土木建筑工程信息技术, 2015, 7(6): 113-117.
[23] 戴林发宝, 王春梅, 邓朝辉, 等. BIM 技术在新鼓山隧道复杂段设计中的应用[J]. 铁路技术创新, 2015, (6): 77-79.
[24] 常莹, 瞿文婷. 隧道工程全生命周期 BIM 云平台建设方案[J]. 铁路技术创新, 2015, (6): 65-69.
[25] 李勇, 管昌生. 基于 BIM 技术的工程项目信息管理模式与策略[J]. 工程管理学报, 2012, 26(4): 17-21.
[26] 刘鹏. 铁路工程设计 BIM 技术的差异化与解决方案[J]. 铁道工程学报, 2014, (2): 23-26, 102.
[27] 徐骏, 李安洪, 刘厚强, 等. BIM 在铁路行业的应用及其风险分析[J]. 铁道工程学报, 2014, (3): 129-133.
[28] 卢祝清. BIM 在铁路建设项目中的应用分析[J]. 铁道标准设计, 2011, (10): 4-7.
[29] 朱江. BIM 在铁路设计中的应用初探[J]. 铁道工程学报, 2010, (6): 104-108.
[30] 刘志统. BIM 技术在高速公路设计中的应用分析[J]. 路基工程, 2019, (3): 153-158.
[31] 周浩文, 何永鑫, 李吉. BIM 技术在高速公路互通式立交施工中的应用[J]. 价值工程, 2019, (17): 274-276.
[32] 刘照球, 李云贵, 吕西林, 等. 基于 BIM 建筑结构设计模型集成框架应用开发[J]. 同济大学学报(自然科学版), 2010, 38(7): 948-953.
[33] 何关培. 施工企业 BIM 应用技术路线分析[J]. 工程管理学报, 2014, 28(2): 1-5.
[34] 蒋宗发, 毛强硕, 杜峰, 等. 深圳地铁 9 号线深化设计中 BIM 的应用及效果探讨[J]. 隧道建设, 2016, 36(4): 433-438.
[35] 李云贵, 邱奎宁, 王永义. 我国 BIM 技术研究与应用[J]. 铁路技术创新, 2014, (2): 36-41.
[36] 潘佳怡, 赵源煜. 中国建筑业 BIM 发展的阻碍因素分析[J]. 工程管理学报, 2012, 26(1): 6-11.
[37] 刘俊娥, 高思, 郭章林. BIM 技术在装配式建筑中的应用探究[J]. 价值工程, 2017, 36(23): 161-163.
[38] 李俊超, 刘力. 国内工程设计行业 BIM 采纳行为演化分析[J]. 工程管理学报, 2014, 28(1): 11-14.
[39] 杨光, 周魏, 沈佳明. BIM 技术在金汇港大桥工程中的应用[J]. 城市住宅, 2014, (11): 106-108.
[40] 徐晖, 吴景科. BIM 技术在桥梁设计中的应用[J]. 建筑设计开发, 2017, 44(7): 30-31.
[41] 黄亚斌. BIM 技术在设计中的应用实现[J]. 土木建筑工程信息技术, 2010, (4): 71-78.
[42] 张天根, 庄郁辉. 信息技术在交通工程建设项目决策管理中应用[J]. 交通世界(运输车辆), 2015, (12): 14-17.
[43] 刘玲, 孟庆昕, 刘晓东, 等. 基于 BIM+GIS 技术的公路预防性养护研究 [J]. 公路交通科技(应用技术版), 2015, 11(4): 13-15.
[44] 金星. 铁路勘测设计 BIM 应用基础研究[J]. 铁道建筑, 2014, (7): 136-138.

[45] 王玉泽. BIM 技术在铁路勘察设计中的研究与应用[J]. 铁路技术创新, 2014, (2): 26-28.

[46] 王小艳, 印宝权. BIM 技术应用于"互联网+"的发展与思考[J]. 价值工程, 2017, 36(13): 181-183.

[47] 魏州泉. BIM 技术在铁路桥隧工程中的应用研究[J]. 铁路技术创新, 2014, (5): 9-13.

[48] 高福生. 刚果(布)Loukouni 拱桥的建设实践及 BIM 应用思考[J]. 公路交通科技(应用技术版), 2017, 13(5): 181-183.

[49] 李坤. BIM 技术在地铁车站结构设计中的应用研究[J]. 铁道工程学报, 2015, 32(2): 103-108.

[50] 中国铁路总公司工程管理中心. 中国铁路 BIM 技术研发和应用框架[J]. 铁路技术创新, 2014, (2): 7-11.

[51] 杨辉, 陈冬冬. BIM 在城市道路设计中应用的探索[J]. 公路交通科技(应用技术版), 2017, 13(5): 141-142.

[52] 沙培洲, 刘彦明, 徐博. 西成客运专线铁路桥隧工程 BIM 技术应用研究[J]. 铁道标准设计, 2017, 61(7): 66-71.

[53] 王君, 车俊宝, 张一帆. 施工阶段基于 BIM 技术的物资全过程管理[J]. 价值工程, 2017, 36(22): 73-77.

[54] 杜江, 郭毅霖. 深中通道 BIM 技术应用研究[J]. 公路交通科技(应用技术版), 2017, 13(5): 170-172.

[55] 刘智敏, 王英, 孙静. BIM 技术在桥梁工程设计阶段的应用研究[J]. 北京交通大学学报, 2015, 39(6): 80-84.

[56] 张为和. 基于 BIM 的夜郎河双线特大桥施工应用方案研究[J]. 铁道标准设计, 2015, 58(3): 82-86.